JN298795

介護・社会福祉士国家試験ゴロあわせ

# ゴロ・プレス

福祉教育カレッジ 編

松本史郎／山越麻生 著

医学評論社

＊正誤情報，発行後の法令改正，最新統計，ガイドラインの関連情報につきましては，弊社ウェブサイト（http://www.igakuhyoronsha.co.jp/）にてお知らせいたします。

＊本書の内容の一部あるいは全部を，無断で（複写機などいかなる方法によっても）複写・複製・転載すると，著作権および出版権侵害となることがありますのでご注意ください。

## はじめに

　通勤や通学の途中，あなたが，いつものように電車の吊革につかまり何気なく車内を見回していると，有料老人ホームの中吊り広告が目に入ってきました。
　さて，ここで質問です。あなたは，この後どうしますか？

A：前に座っているおじさんが拡げている新聞で，気になる銘柄の株価を確認する。
B：有料老人ホームの類型を見極めようとさらに広告を注視する。
C：「ふーん」と言って，昨日見た映画のストーリーを思い出す。
D：「とくていしせつにゅうきょしゃせいかつかいご」とつぶやく。

　正解は…ありません。ですが，AやCを選んだ人は国家試験に向けて何らかの手を打つ必要がありそうです。なぜなら，日頃の学習の成果を試せっかくの機会を見逃してしまっている，ともいえるからです。国家試験では，短い時間に設問に関係する記憶を検索し，引き出すことが求められます。こういった作業は，当然，常日頃から記憶の出し入れをしている人の方が強い。ディープインパクトぐらい強い。日常のこうした些細なことでも学習する機会は結構あるものです。

　そうはいっても，国家試験に向けて覚えなければいけない事柄はたくさんあって，しかも，制度関係なんて「特定施設入居者生活介護」だの「地域密着型介護老人福祉施設入所者生活介護」だの早口言葉が連想ゲームみたいな名前がつけられています。これでは，学習への意欲が削がれるのも無理ありません。しかし，こうした名称は実によく作られているのです。制度では，Aという用語はこういうこと，Bという用語はこういうこと，とその中身が決められています。その時々で使い方が違う，ということはないのです。たとえば，介護保険制度の「地域密着型介護老人福祉施設入所者生活介護」では，「地域密着型…施設（＝定員29人以下の入所型の施設）」，「介護老人福祉施設（＝特別養護老人ホーム）」，「入所者生活介護（＝介護や日常生活上の世話）」と3つの用語から構成されており，ひとつの長い制度名も整理して覚えれば，意外にすんなりと覚えられるのです。これは制度以外のことにも当てはまることです。

　学習の際に必要なのは，こうしたポイントを効率よく覚えることです。むやみに覚えようとするのも，条文を最初から最後まで覚えようとするのも限りある時間の有効な活用法とはいえません。重要なのは，記憶を秩序だてる要となる用語を選び，そして，それをできるだけ楽に記憶するということです。

　本書は，介護福祉士・社会福祉士の過去の国家試験からポイントとなる用語を選び，ゴロとイラストという方法を使って記憶しやすいように構成されています。開いたページからでも，イラストが面白い所からでも，「アホなゴロだな」と思う所からでも，どこからでも結構です。そうこうしているうちに，ふと日常の中でゴロやイラストを思い出し，ニヤニヤするようになったらしめたものです。

　最後に皆さんの成功を心からお祈りして，『ゴロ・プレス』をここに届けます。

2007年11月
著　者

## 本書の利用法

アンダーライン が重要語句です。 対応するゴロを しっかり暗記し ましょう。

### 003

## 救護法

ひどく憎まれ　　救護法
❶　　　　　　　❷

❶ 1929（昭和4）年
❷ 救護法

ゴロに対応 する重要語 句です。

ゴロとイラ ストでらく らく暗記!!

囲みのなかは ゴロのテーマ です。

- CHECK WORD は重要語句の詳しい解説を記載。理解を深めます。

- 介護福祉士国家試験の出題基準に沿った科目分けがしてあります。

## CHECK WORD

❶ ひどく憎まれ ⇒1929

1929（昭和4）年に成立、（昭和7）年に施行された 救護法 は、恤救規則（1874）に代わり公的救済を定めたもので、旧生活保護法（1946）が制定されるまで、救護行政の拠り所とされ

❷ 救護法

## POINT

- POINT は＋αの知識を深めるのに最適です。

救護法

救護法の対象は、❶貧困の〜〜〜〜神に障害を持つ者、のあり、❷働くことができず、〜〜〜当する場合に限り、救養義務者による扶養が不可能な〜〜〜〜ました。居宅における救〜〜〜て充たし、かつ65歳〜〜〜則とし、生活・医療・助産・〜〜〜者、13歳以下の〜〜〜生業の各扶助と埋葬費の支給が救護〜〜〜を患う者ある　の内容でした。

- Question? でさらに知識の定着を確認してください。介護福祉士・社会福祉士国家試験の過去問題（右肩の数字は出題回と **介** は介護福祉士国家試験問題、**社** は社会福祉士国家試験問題を意味します）とオリジナルの予想問題です。

救護法が制定され、国家責任に基づ〜〜〜を確立し、社会保障の権利が保障され … ✕

困窮していても、性行著しく不良または〜〜〜は救護しないことができるとされ〜〜

〜〜〜ては、救護費用の負担を国8割とし〜〜

※救護法が成立したのは、1929（昭和4）年である。救護法は〜〜〜国家責任に基づく国民の保護請求権は認めていなかった。救護〜〜〜道府県の負担した費用に対して2分の1以内を、都道府県は市〜〜〜4分の1を補助することとした。

- 問題解答のためのプラス知識です。

---

## ゴロ・プレス㊙奥義

☞「まずいっ！ これ、覚えてない!!」というど〜しても時間のないひとは、左ページをまるごと暗記！ ゴロのリズムと楽しいイラストで重要語句をヴィジュアル的に覚えましょう。

☞そして、さらに知識を深めていきたいひとは、じっくりと右ページで重要語句に関する知識と理解を深めていきましょう。

これで、試験対策はばっちりです!!

# CONTENTS

## 社会福祉概論
1. 社会保険制度 …… 2
2. 恤救規則 …… 4
3. 救護法 …… 6
4. 福祉六法体制への経緯 …… 8
5. 社会福祉事業法の成立 …… 10
6. 社会福祉施設緊急整備五ヵ年計画 …… 12
7. 社会保障制度 …… 14
8. 生活福祉資金貸付制度の対象世帯 …… 16
9. 生活福祉資金貸付制度の資金の種類 …… 18
10. パールマンの4つのP …… 20
11. 機能派(機能主義)の代表的論者 …… 22
12. 社会診断 …… 24
13. 共同募金 …… 26
14. 生活保護の8つの扶助 …… 28
15. 生活扶助の加算制度 …… 30
16. 介護福祉士の義務 …… 32

## 老人福祉論
17. 介護保険の基本理念 …… 34
18. 介護保険の第1号被保険者 …… 36
19. 介護保険の第2号被保険者 …… 38
20. 要介護認定基準を計算する5つの分野 …… 40
21. 介護認定の区分 …… 42
22. 介護保険の認定有効期間 …… 44
23. 介護保険の申請代行 …… 46
24. 介護保険施設 …… 48
25. 介護給付費の公費負担割合 …… 50
26. 介護給付費の保険料割合 …… 52
27. 介護保険審査会・介護認定審査会 …… 54
28. 老人福祉施設 …… 56
29. 老人居宅生活支援事業 …… 58
30. 認知症対応型共同生活介護の入居定員 …… 60
31. 有料老人ホームの類型 …… 62
32. 高齢者の在宅ケアの連携 …… 64
33. 地域密着型サービス …… 66
34. 間違えやすい居宅サービスと地域密着型サービスの種類 …… 68
35. 地域包括支援センターの基本機能 …… 70
36. 居宅介護支援事業者の主な減算項目 …… 72
37. 日常生活自立支援事業 …… 74
38. 老人日常生活用具の品目 …… 76
39. 特定福祉用具の種目 …… 78
40. 老人クラブ …… 80
41. 虐待者となる要因 …… 82

## 障害者福祉論
42. 国際障害者年 …… 84
43. ICF(国際生活機能分類)の構成要素 …… 86
44. 障害者の法定雇用率 …… 88
45. 障害者雇用率制度 …… 90
46. 発達障害の定義 …… 92
47. 小児慢性特定疾患治療研究事業で対象とする疾患 …… 94
48. 児童扶養手当と特別児童扶養手当 …… 96

## リハビリテーション論
49. ADL(日常生活動作)の指標 …… 98
50. IADL(手段的日常生活動作) …… 100
51. 廃用症候群の主な症候 …… 102

## 社会福祉援助技術(演習を含む。)
52. ミルフォード会議 …… 104
53. スーパービジョンの機能 …… 106
54. 援助技術の展開過程 …… 108
55. 直接援助技術 …… 110
56. 間接援助技術 …… 112
57. 関連援助技術 …… 114
58. ソーシャルワークの基本的な機能 …… 116
59. バイステックの7原則 …… 118
60. 自己覚知 …… 120
61. グループワークの援助媒体 …… 122
62. コミュニティワークの目標 …… 124
63. マッピング …… 126
64. 社会福祉調査法(質問紙法の種類) …… 128
65. 社会福祉調査法(標本調査) …… 130

## レクリエーション活動援助法

- 66. レクリエーションの3領域 …………132
- 67. レクリエーション活動の4要素 ………134
- 68. アベドンの社会的相互作用（その1）…136
- 69. アベドンの社会的相互作用（その2）…138

## 老人・障害者の心理

- 70. ピアジェの4つの発達段階 …………140
- 71. ライカードの高齢者のパーソナリティタイプ …………………………………142
- 72. マズローの欲求階層説 ………………144
- 73. キューブラ・ロスの死の受容のプロセス …………………………………146
- 74. カウンセリングの基本的態度 ………148
- 75. カウンセリングの技法 ………………150
- 76. 防衛機制 ………………………………152
- 77. 高齢者の知的能力で低下しやすいもの …………………………………………154
- 78. 高齢者の睡眠の特徴 …………………156
- 79. 高齢者に多い骨折 ……………………158
- 80. 老人性難聴の特徴 ……………………160

## 家政学概論

- 81. クーリング・オフ制度 ………………162
- 82. 5大栄養素 ……………………………164
- 83. 各栄養素のg当たり熱量 ……………166
- 84. ISO（国際標準化機構）規格 ………168
- 85. 織物の三原組織 ………………………170
- 86. 感覚温度と3因子 ……………………172
- 87. 不快指数 ………………………………174

## 医学一般

- 88. バイタルサイン ………………………176
- 89. 死の3徴候 ……………………………178
- 90. 正常血圧 ………………………………180
- 91. 高血圧症 ………………………………182
- 92. 総コレステロール（TC）の基準値 …184
- 93. 尿比重 …………………………………186
- 94. 乏尿・無尿 ……………………………188
- 95. ショックの前駆症状 …………………190
- 96. 一次救命処置の順番 …………………192
- 97. 運動が予防効果を示すもの …………194
- 98. 麻痺の部位による分類 ………………196
- 99. 糖尿病の判定 …………………………198
- 100. 空腹時血糖（FBS）の基準値 ………200
- 101. 糖尿病の合併症 ………………………202
- 102. 喫煙に関係する疾患 …………………204
- 103. 閉塞性換気障害を起こす疾患 ………206
- 104. 白内障の自覚症状 ……………………208
- 105. パーキンソン病の3徴候 ……………210
- 106. 関節リウマチ …………………………212
- 107. 筋萎縮性側索硬化症の陰性（みられない）所見 …………………………………214
- 108. 右心不全 ………………………………216
- 109. 左心不全 ………………………………218
- 110. 骨粗鬆症の原因 ………………………220
- 111. 特定疾患で多い順番（平成18年）…222
- 112. 尿失禁の分類 …………………………224
- 113. 寝たきり高齢者に生じやすい合併症 …………………………………………226
- 114. 日和見感染の病原体 …………………228

## 精神保健

- 115. 老年期の精神保健上の問題 …………230
- 116. 幻覚妄想状態が現れるもの …………232
- 117. 統合失調症に現れやすいもの ………234
- 118. うつ状態の妄想 ………………………236
- 119. 心身症 …………………………………238

## 介護概論

- 120. 要介護となった主な原因 ……………240

## 介護技術

- 121. 身体不調を疑う体温の目安 …………242
- 122. 福祉用具導入の目的 …………………244

- 123. トイレの整備の留意点……………246
- 124. MRSAに感染した利用者の寝具管理
  ……………248
- 125. ボディメカニクスの原則……………250
- 126. 車いすの移動が可能な廊下幅………252
- 127. 誤嚥しやすい食物……………………254
- 128. 嚥下性肺炎の予防のポイント………256
- 129. 口腔ケアの目的………………………258
- 130. 治療食の種類…………………………260
- 131. 睡眠環境………………………………262
- 132. 入浴介助の注意点……………………264
- 133. 入浴時の室温と湯温…………………266
- 134. 爪の管理………………………………268
- 135. 湯たんぽを用いる際の留意点………270
- 136. 褥瘡の好発部位………………………272
- 137. 褥瘡の深達度…………………………274
- 138. 食間薬の服用時間……………………276
- 139. 気道内異物除去の方法………………278
- 140. やけど手当の注意点…………………280

### 形態別介護技術

- 141. 視覚障害者に対するガイドヘルプ……282
- 142. 難聴者とのコミュニケーション………284
- 143. 失語症のある人とのコミュニケーション
  ……………286
- 144. 片麻痺のある人の階段昇降…………288
- 145. 片麻痺のある人に対する食事介助……290
- 146. 呼吸機能障害者の日常生活における留意点
  ……………292
- 147. 在宅酸素療法の吸入器具の交換………294
- 148. 腎臓機能障害者の食事における留意点
  ……………296
- 149. ペースメーカ装着者の日常生活における注意点……………298
- 150. 知的障害者への支援における各段階
  ……………300

★索　引……………302

| | |
|---|---:|
| 社会福祉概論 | 2 |
| 老人福祉論 | 34 |
| 障害者福祉論 | 84 |
| リハビリテーション論 | 98 |
| 社会福祉援助技術（演習を含む。） | 104 |
| レクリエーション活動援助法 | 132 |
| 老人・障害者の心理 | 140 |
| 家政学概論 | 162 |
| 医学一般 | 176 |
| 精神保健 | 230 |
| 介護概論 | 240 |
| 介護技術 | 242 |
| 形態別介護技術 | 282 |

… 

# 社会保険制度

嫌〜み　ビスマルク
❶　　　　❷

❶ 1883（疾病保険）
❷ ビスマルク（ドイツ帝国の宰相）

## CHECK WORD

**❶ 嫌〜み** ⇒ 1883 ： 1883年に 世界初となる社会保険制度 がドイツで制定されました。この制度は疾病を対象として，社会保険の仕組みを取り入れたもので， 疾病保険 といわれています。

**❷ ビスマルク** ⇒ ビスマルク（Bismark, O. 1815〜1898）は，ドイツ帝国の初代宰相で，社会主義運動を弾圧する一方，社会保険を実施したことから，「飴と鞭」とも評されます。

## POINT　　　　　　　　　　　　　　　　　　　　ビスマルク

1871年にドイツ帝国の宰相となったビスマルクは，社会主義者鎮圧法（1878）により社会主義運動を弾圧する一方で，疾病保険（1883），労働災害保険（1884），障害老齢保険（1889）の制定を実現し，世界で初となる社会保険施策の実施に貢献しました。労働者を保護することで，労働者が社会主義運動と結びつくことを防ぐ狙いがあったといわれています。

- ■ドイツでは，19世紀のビスマルク宰相の時代に，世界に先駆けて介護保険法を確立させ，その後この制度は，世界の国々に影響を及ぼしてきた。　…✕
- ■ドイツのビスマルクが創設した疾病保険制度は，すでにその頃にドイツの地域や民間企業に普及していた金庫制度を国営保険の仕組みとして活用した。　…◯
- ■ビスマルクの「飴と鞭」の政策は，19世紀後半に労働者保護と社会主義運動の取締りを目的としてデンマークで実施された政策をいう。　…✕

※19世紀にビスマルク宰相は世界初となる社会保険制度を成立させた。ドイツで介護保険法が成立したのは1994年である。

## 002

### じゅっきゅうきそく
# 恤 救 規 則

いやおう な
**否応無しに**　**恤救規則**
❶　　　　　　　❷

❶ 1874（明治7）年
❷ 恤救規則

### CHECK WORD

① 否応無しに ⇒1874

② 恤救規則

> 恤救規則は，1874（明治7）年12月8日に発布され，日本で初めて定められた国家レベルの救貧制度です。

### POINT                                              恤救規則

　恤救規則は，日本において初めて定められた国家レベルの救貧制度で，「人民相互の情誼」(じょうぎ)（住民同士の相互扶助）を原則に，「無告の窮民」であり，労働できない単身の極貧者，重病・老衰の70歳以上の高齢者，病気を患う者，13歳以下の年少者のみを対象とし，一定の米代を支給する，というものでした。救済が厳しく制限され，救済を望む者に救済を請求する権利を与えないなど，現在からみれば，幾つかの問題点を含むものでした。

- ■恤救規則では，誰にも頼ることのできない「無告の窮民」を対象とし，被救済者の範囲，救済の範囲，救済の程度および方法等は極めて限定されたものであった。 …○
- ■恤救規則では，救済は家族相扶，隣保相扶という血縁・地縁関係によって行うべきであり，どうしてもそれにより難い「無告の窮民」だけは救済してよいとした。 …○
- ■わが国の恤救規則では，施設への「収容保護」を恤救の基本とした。 …×

※施設への「収容保護」がなされたのは救護法（1929年制定，1932年実施）である。

## 救護法

ひどく憎まれ　救護法
❶　　　　　　❷

❶ 1929（昭和4）年
❷ 救護法

## CHECK WORD

**❶ ひどく憎まれ ⇒ 1929**

**❷ 救護法**

1929（昭和4）年に成立し，1932（昭和7）年に施行された救護法は，恤救規則（1874）に代わり公的救済を定めたもので，旧生活保護法（1946）が制定されるまで，救護行政の拠り所とされていました。

## POINT
救護法

　救護法の対象は，❶貧困の状態にあり，❷働くことができず，❸扶養義務者による扶養が不可能な者という条件をすべて充たし，かつ65歳以上の老衰の高齢者，13歳以下の年少者，妊産婦，病気を患う者あるいは身体や精神に障害を持つ者，のいずれかに該当する場合に限り，救護が行われました。居宅における救護を原則とし，生活・医療・助産・生業の各扶助と埋葬費の支給が救護の内容でした。

■わが国では，明治時代に救護法が制定され，国家責任に基づき，国民の保護請求権を確立し，社会保障の権利が保障された。　…×

■救護法では，生活に困窮していても，性行著しく不良または著しく怠惰な場合は救護しないことができるとされた。　…○

■救護法においては，救護費用の負担を国8割とした。　…×

※救護法が成立したのは，1929（昭和4）年である。救護法は公的救護義務主義をとったが，国家責任に基づく国民の保護請求権は認めていなかった。救護の費用は，国庫は市町村・都道府県の負担した費用に対して2分の1以内を，都道府県は市町村の負担した費用に対して4分の1を補助することとした。

## 福祉六法体制への経緯

<u>自</u> <u>信ある</u> <u>正</u> <u>社員に</u> <u>治</u> <u>療</u> <u>をし</u>
❶　❷　　　❸　❹　　　❺　❻　❼

❶ 児童福祉法（1947）
❷ 身体障害者福祉法（1949）
❸ 生活保護法（新法：1950）
❹ 社会福祉法（社会福祉事業法：1951）
❺ 知的障害者福祉法（精神薄弱者福祉法：1960）
❻ 老人福祉法（1963）
❼ 母子及び寡婦福祉法（1964）

社会福祉概論

### CHECK WORD

❶ じ　　　⇒児童福祉法（1947）
❷ しんある⇒身体障害者福祉法（1949）
❸ せい　　⇒生活保護法（新法：1950）
❹ 社員に　⇒社会福祉法（社会福祉事業法：1951）
❺ ち　　　⇒知的障害者福祉法（精神薄弱者福祉法：1960）
❻ りょう　⇒老人福祉法（1963）
❼ をし　　⇒母子及び寡婦福祉法（1964）

福祉六法体制の流れ

### POINT　　　　　　　　　　　　戦後社会福祉の法体制

　戦後社会福祉の法体制は，大きく三法体制と六法体制とにわけることができます。戦後の混乱期から社会保険制度の整備がされるまでの時期に制定された児童福祉法・身体障害者福祉法・生活保護法の3つをまとめ三法体制といい，社会保険制度が整備され，運用されるようになった1960年代以降に制定された知的障害者福祉法・老人福祉法・母子及び寡婦福祉法の3つと先の3つとをあわせて，六法体制といいます。また，社会福祉法は，社会福祉全般にわたる基本的な事柄を定めたものなので，具体的なサービスを定めた法律とは少し異なります。

■昭和40年代に精神薄弱者福祉法（現在の知的障害者福祉法）などが制定されて「福祉六法体制」になった。　…✕

※ 1960（昭和35）年に，精神薄弱者福祉法（現・知的障害者福祉法）が成立し，昭和30年代に福祉六法の各法律が制定された。

# 社会福祉事業法の成立

ひどく恋(こい)して　社会事業
❶　　　　　　　❷

❶ 1951(昭和26)年
❷ 社会福祉事業法(現：社会福祉法)

## CHECK WORD

❶ <u>ひどく恋して</u> ⇒ <u>1951</u>：社会福祉制度の共通の事柄に関して定めた社会福祉事業法（現：社会福祉法）が，1951（昭和26）年に制定されました。社会福祉事業（第一種・第二種），社会福祉行政の組織などについて定めています。

❷ <u>社会事業</u> ⇒ 社会福祉事業法（現：社会福祉法）

## POINT　　　　　　　　　　　社会福祉事業法の成立

　社会福祉事業法の成立は，福祉三法体制（児童福祉法・身体障害者福祉法・生活保護法）と福祉六法体制（先の三法と知的障害者福祉法・老人福祉法・母子及び寡婦福祉法）の間に位置します。社会福祉事業法の成立年を目安として，戦後の福祉体制を整理すると，記憶しやすくなります。

■昭和30年代に社会福祉事業法（現在の社会福祉法）などが制定されて「福祉三法体制」になった。　…×

■昭和26年に社会福祉事業法として制定され，平成12年に大幅な改正がなされ，社会福祉法となった。　…○

■昭和26年の社会福祉事業法の制定により，市町村社会福祉協議会が規定された。　…×

※社会福祉事業法（社会福祉法）は1951（昭和26）年に制定され，昭和20年代に福祉三法体制が確立されている。社会福祉事業法制定時に規定されたのは，全国レベルのものと都道府県レベルの社会福祉協議会であり，市町村社会福祉協議会が規定されたのは，それから32年後の1983（昭和58）年のことである。

## 006
# 社会福祉施設緊急整備五ヵ年計画

<u>ひどくない？</u>　<u>石油のせいで</u>　計画挫折
❶　　　　　　　❷

❶ 1971（昭和46）年
❷ 社会福祉施設緊急整備五ヵ年計画

### CHECK WORD

❶ ひどくない　⇒ 1971：1970（昭和45）年12月に策定され，1971（昭和46）年度を初年度とした「社会福祉施設緊急整備五ヵ年計画」により，社会福祉施設の整備が進められる契機となりました。

❷ せきゆのせいで計画挫折　⇒ 社会福祉施設緊急整備五ヵ年計画

### POINT

**社会福祉施設緊急整備五ヵ年計画**

社会福祉施設緊急整備五ヵ年計画は，それまで立ち遅れていた社会福祉施設の整備を進めるためのものでしたが，1970年代初頭に世界を襲った原油価格の高騰（オイルショック）の余波を受け，国家の財政規模が縮小し，計画半ばで挫折してしまいました。この計画は，ある程度の成果を残しましたが，施設の種類により整備にばらつきがあったり，設置場所に偏りがあったりと，課題も残りました。

■社会福祉施設緊急整備五ヵ年計画に基づき，特別養護老人ホームなどの整備が重点的に進められた。 …〇

## 社会保障制度

小生, 保健 衛生に 不 服
❶　　❷　　❸　　❹　❺

❶ 社会保障制度
❷ 社会保険
❸ 公衆衛生・医療
❹ 公的扶助
❺ 社会福祉

## CHECK WORD

❶ しょうせい ⇒ 社会保障制度 ：すべての国民の生活を現在から未来まで保障する制度。

❷ 保けん ⇒ 社会保険：医療保険，年金保険，労災保険，雇用保険，介護保険。

❸ 衛生に ⇒ 公衆衛生・医療：予防医学，感染症対策，各種保健対策など。地域社会および全国民の疾病予防，健康の保持・増進をはかります。

❹ ふ ⇒ 公的扶助：生活保護制度に代表されるもので，国民の生活を国家が最終的に保障するものです。

❺ ふく ⇒ 社会福祉：児童福祉，母子福祉，障害者福祉，高齢者福祉。

## POINT　社会保障の概念と種類

社会保障は大きくわけると，❶病気・失業といった万一のときに備えておく保険のようなもの（社会保険），❷特殊な厳しい状況下に置かれたものが受ける生活補助的なもの（公的扶助），❸社会的弱者であっても平等に安定した生活を送れるようにする社会福祉的なもの（社会福祉），❹すべての国民が受ける公衆衛生的なもの（公衆衛生・医療）の4つに分類されます。

■社会保障の費用を「医療」「年金」「福祉その他」の3部門に大別すると，介護保険ができた現在では「福祉その他」の費用が一番多くなっている。　…×

※一番は「年金」。

## 008

# 生活福祉資金貸付制度の対象世帯

校 庭で 失 神
❶ ❷ ❸ ❹

❶ 高齢者世帯
❷ 低所得者世帯
❸ 失業者世帯
❹ 障害者世帯（身体・知的・精神）

## CHECK WORD

❶ こう ⇒ 高齢者世帯
❷ ていで ⇒ 低所得者世帯
❸ 失 ⇒ 失業者世帯
❹ しん ⇒ 障害者世帯（身体・知的・精神）

生活福祉資金貸付制度 の対象世帯。

## POINT　　　生活福祉資金貸付制度

　生活福祉資金貸付制度は，社会福祉協議会が実施するもので，低所得世帯などに対して資金の貸付と民生委員による指導を並行して行います。経済的な自立や生活意欲の助長，社会参加の促進などを図ることが目的です。生活福祉資金貸付制度の前身は，民生委員の世帯更生運動から展開された世帯更生貸付金制度にありますが，当初は低所得層を対象としていました。しかし，社会状況の変化に応じて，その対象を低所得層から高齢者や障害者世帯へと拡大し，1990（平成2）年に現在の名称である「生活福祉資金貸付制度」と変更されました。

■低所得者世帯を対象とした生活福祉資金貸付制度は，貸付資金が資産とみなされるため，生活保護受給者が貸付を受けることはできない。　…×

■生活福祉資金貸付制度上，低所得世帯は，貸付対象世帯である。　…○

■生活福祉資金貸付制度上，障害者世帯は，貸付対象世帯である。　…○

■生活福祉資金貸付制度上，母子世帯は，貸付対象世帯である。　…×

■生活福祉資金貸付制度上，高齢者世帯は，貸付対象世帯である。　…○

■生活福祉資金貸付制度上，失業者世帯は，貸付対象世帯である。　…○

※生活福祉資金貸付制度は，低所得者世帯等に対し，生業費，療養費など必要とする資金を低金利または無利子で貸し付けることがひとつの目的となっており，生活保護の保護の補足性の原理に基づいて，生活保護に優先して活用されなければならない制度である。

## 009

# 生活福祉資金貸付制度の資金の種類

| 料理の | 復 | 習, | 焦がして | ジュー, | 調 | 理を | 救 | 済 |
|---|---|---|---|---|---|---|---|---|
| ❶ | ❷ | ❸ | ❹ | ❺ | ❻ | ❼ | ❽ | ❾ |

❶ 療養・介護等資金
❷ 福祉資金
❸ 修学資金
❹ 更生資金
❺ 住宅資金
❻ 長期生活支援資金
❼ 離職者支援資金
❽ 緊急小口資金
❾ 災害援護資金

## CHECK WORD

**❶ りょう理の** ⇒ 療養・介護等資金：高齢者世帯や低所得世帯の人が療養や介護が必要になった場合に，療養や介護サービスなどにかかる費用を貸し付けるものです。

**❷ ふく** ⇒ 福祉資金：結婚や出産，障害がある人の自動車の購入，日常生活用具の購入，就職支度金，中国残留邦人の方が国民年金保険料の追納に必要となるお金を貸し付けます。

**❸ しゅう** ⇒ 修学資金：低所得世帯に対し，高校や短期大学・大学，高等専門学校への入学やそこで学ぶために必要となる費用を貸し付けます。

**❹ こがして** ⇒ 更生資金：低所得世帯の人や障害がある人に，生業や就職に必要となる知識や技術を習得する際にかかる費用や，生業に必要となる経費を貸し付けます。

**❺ ジュー** ⇒ 住宅資金：低所得世帯の人や障害がある人，または高齢者世帯に対して，住宅の改築や補修，公営住宅に入居するのに必要となる費用を貸し付けます。

**❻ ちょう** ⇒ 長期生活支援資金：低所得の高齢者世帯に対して，現に住んでいる建物や土地を担保として生活資金を貸し付けるものです。

**❼ りを** ⇒ 離職者支援資金：失業者世帯に対して，生計を主に担う人が再就職するまで，生活資金を貸し付けます。

**❽ きゅう** ⇒ 緊急小口資金：低所得世帯に対して，火災，医療費や介護費の支払い，給与の盗難・紛失，年金・保険の支給開始までの期間など，一時的に生活していくことが難しくなった場合に，小額の資金を貸し付けます。

**❾ さい** ⇒ 災害援護資金：低所得世帯に対して，災害を受け，そこから生活を再建し，自立していくために必要となる資金を貸し付けます。

## POINT　生活福祉資金貸付制度の種類

生活福祉資金貸付制度には，更生資金，福祉資金，住宅資金，修学資金，療養・介護等資金，緊急小口資金，災害援護資金，離職者支援資金，長期生活支援資金の9種類があります。

■生活福祉資金制度では，失業者世帯の自立支援のための離職者支援資金の貸付が，実施されている。 …○

■生活福祉資金制度における更生資金の原資は，すべて都道府県からの補助金で賄われるが，国はその3分の2を補助する。 …○

# パールマンの4つのP

パールマン，カ バに 尋 問
① ② ③ ④ ⑤

① パールマン (Perlman, H. H.)
② 過程 (process)
③ 場所 (place)
④ 人 (person)
⑤ 問題 (problem)

## CHECK WORD

❶ <u>パールマン</u> ⇒ パールマン：パールマンは，診断派と機能派の統合を試み，「問題解決アプローチ」を体系化したソーシャル・ケースワークの研究者です。

❷ <u>カ</u> ⇒ 過程（process）：クライエントと援助者の間に援助関係を形成し，その関係を通じて展開されていく過程のことをさします。

❸ <u>バに</u> ⇒ 場所（place）：援助を行う場所のことです。

❹ <u>じん</u> ⇒ 人（person）：問題や課題を抱え，援助を必要とする人のことです。

❺ <u>問</u> ⇒ 問題（problem）：クライエントが抱える問題のことです。

## POINT　　　　　　　　　　　　　　パールマンの4つのP

　パールマンは，ソーシャル・ケースワークの心理面への傾倒や，診断派と機能派の対立を背景に，両派の良いところをとり折衷した「問題解決アプローチ」を体系化しました。この中で，パールマンは，ソーシャル・ケースワークの構成要素として，4つのP（person, problem, place, process）をあげています。なお，のちにこの4つに2つのP（専門職ワーカー：professional person, 援助制度：provisions）が追加され，6つのPとされますが，基本は4つのPにありますので，きちんと押さえておきましょう。

■パールマンは，ソーシャル・ケースワークの構成要素として「4つのP」を提起した。　…○
■パールマンの4つのPのひとつに「人（person）」がある。　…○
■パールマンの4つのPのひとつに「問題（problem）」がある。　…○
■パールマンの4つのPのひとつに「場所（place）」がある。　…○
■パールマンの4つのPのひとつに「計画（plan）」がある。　…×
■パールマンの4つのPのひとつに「過程（process）」がある。　…○

## 011

# 機能派（機能主義）の代表的論者

昨日は， 太 郎が ランク イン
❶　　　　❷　❸　　❹

❶ 機能派（機能主義）
❷ タフト（Taft, J.）
❸ ロビンソン（Robinson, V.）
❹ ランク（Rank, O.）

## CHECK WORD

**❶ きのうは** ⇒ 機能派（機能主義）：1930年代にランクの意志心理学を援用して形成されたソーシャル・ケースワークの方法のひとつ。

**❷ た** ⇒ タフト：機能派の体系化に貢献した一人で、クライエントと援助者との援助関係を重視し、援助関係の形成と活用に関する視点をソーシャル・ケースワークに導入しました。

**❸ ろうが** ⇒ ロビンソン：タフトと並び、機能派の体系化に貢献した研究者。特にスーパービジョンを体系化したとして、評価されています。

**❹ ランク　イン** ⇒ ランク：オーストリアの精神療法家で、何回か渡米した後、永住します。人間は成長する意志を有していると考え、「意志心理学」を提唱しました。この「意志心理学」は、機能派の考え方の拠り所とされました。

## POINT　　　　　　　　　　　　　　機能派と診断派

　機能派は、本来、人間には成長する意志があるという考え方を基に、成長を阻害するものを排除し、援助者とクライエントとの間に形成される援助関係を活用して援助を行うものです。援助過程でのクライエントの意志の尊重・参加、援助機関の機能を重視した点に特徴があります。

　また、機能派よりも先に形になっていた診断派（診断主義）とは、1930年代から40年代にかけて対立が生じ、双方ともに優位性を主張する時期が続きましたが、1950年代以降、双方の長所を取り入れようとするようになり、共通基盤の模索が行われるようになります。

■ランクは、ヨーク地方の貧困調査を行った。　…×

■機能主義ケースワークでは、人と環境との生態系に着目して援助が行われる。　…×

※ランクは、機能主義ケースワーク理論を体系化した。イギリスのヨーク地方の貧困調査を行ったのはラウントリー（Rowntree,S.）である。
※説問文はエコロジカル・モデルに関するもの。

## 社会診断

<u>ひどくいなせな</u>, <u>リッチ</u>　<u>診断</u>
❶　　　　　　　❷　　　❸

❶ 1917年
❷ リッチモンド（Richmond, M. E.）
❸ 『社会診断（Social Diagnosis）』

## CHECK WORD

❶ ひどくいなせな ⇒ 1917

❷ リッチ ⇒ リッチモンド

❸ 診断 ⇒ 『社会診断』

リッチモンドは，ソーシャル・ケースワークの体系化を初めて試みたことから，「ケースワークの母」とも呼ばれています。1917年に発表した『社会診断』は，リッチモンドのそうした業績をあらわすものであり，のちの研究者にも大きな影響を与えました。また，『社会診断』が発表された20世紀初頭は，科学的なソーシャル・ケースワークの始まりの時期ともいえます。

## POINT 『社会診断』

1917年にリッチモンドにより発表された著書で，主にソーシャル・ケースワークの最初の段階（クライエントに関する情報収集・情報の検討と吟味・問題の解釈など）について考察されています。クライエントと援助者とのやり取りに関する考察や方法，援助技法については触れられてはいません。これは，ソーシャル・ケースワークの全体は，一冊の本に収めることができないという理由からきており，本書の位置づけは，ソーシャル・ケースワーク理論の第一部であると，リッチモンドは構想していたようです。

- ■リッチモンドは，アメリカにおけるケースワーク理論の発展と体系化に貢献した。 …○
- ■リッチモンドは，グループワークの理論化に貢献した。 …×
- ■デンマークでは，19世紀末よりリッチモンドが社会福祉援助技術（ソーシャルワーク）の理論を発達させ，世界の国々に影響を及ぼしてきた。 …×

※リッチモンドはアメリカ慈善組織協会の活動から，ケースワークの理論を体系化した。グループワークの理論化に関係が深いのはコノプカ（Konopka, G.）である。

## 共同募金

募金の 配分, 一生 届けん
❶    ❷   ❸   ❹

❶ 共同募金会
❷ 配分委員会
❸ 第一種社会福祉事業
❹ 都道府県

## CHECK WORD

❶ 募金の ⇒ 共同募金会 ：1年に1回，厚生労働大臣が定める時期に募金活動を行う社会福祉法人です。

❷ 配分 ⇒ 配分委員会：共同募金会には，集められた募金の配分先を決める「配分委員会」が設置されています。

❸ ーしょう ⇒ 第一種社会福祉事業：共同募金は，人々の善意に基づく寄付金を扱うために，運営にさまざまな条件を設けた第一種社会福祉事業に指定されています。

❹ とどけん ⇒ 都道府県：共同募金会は，都道府県を単位に設置されます。

## POINT　　　　　　　　　　　　　　　共同募金会

　地域の社会福祉事業や社会福祉活動の推進を目的に，寄付金を募り，配分する団体です。各都道府県を区域に社会福祉法人である共同募金会が置かれ，その募金活動は，厚生労働大臣が定める期間（10月から12月の3か月間）行われ，「赤い羽根共同募金」としてよく知られています。

- ■共同募金は，都道府県の区域を単位として，その区域内の地域福祉の推進を図るために行われる寄付金の募集・配分活動を目的とする。 …○
- ■共同募金は，地域福祉推進のための財源となる。 …○
- ■共同募金は，市町村を単位にして実施される。 …×
- ■共同募金の寄付金の3分の2は，社会福祉事業経営者に配分される。 …×
- ■共同募金の配分先は，都道府県知事が定める。 …×
- ■共同募金の配分額は，都道府県社会福祉協議会が定める。 …×

※共同募金は，都道府県を単位として実施される。

## 生活保護の8つの扶助

異 星人, 怪 獣に 出 走を 強 制
❶ ❷ ❸ ❹ ❺ ❻ ❼ ❽

❶ 医療扶助
❷ 生活扶助
❸ 介護扶助
❹ 住宅扶助
❺ 出産扶助
❻ 葬祭扶助
❼ 教育扶助
❽ 生業扶助

## CHECK WORD

**❶ い** ⇒ 医療扶助：入院・通院にかかる費用，入退院時の移送の費用などを給付します。

**❷ せい人** ⇒ 生活扶助： 8種の扶助 のうち最も基本的な扶助で，衣食や水光熱費・日用品の購入など，生活をしていくために必要となる費用を給付します。

**❸ かい** ⇒ 介護扶助：原則，現物給付により行われます。介護保険の被保険者と被保険者になれない者（40歳以上65歳未満の者で医療保険の未加入者）に対して，介護保険の介護サービスを給付します。ただし，介護保険の被保険者は，介護保険による給付が優先され，利用者負担分が介護扶助として給付され，介護保険の被保険者でない人は，全額，介護扶助より給付されます。

**❹ じゅうに** ⇒ 住宅扶助：家賃や住宅の補修費などを給付します。

**❺ 出** ⇒ 出産扶助：分娩に必要な費用を給付します。

**❻ そうを** ⇒ 葬祭扶助：遺体の運搬，火葬や埋葬，納骨など葬祭のための費用を給付します。

**❼ きょう** ⇒ 教育扶助：学用品や通学用品，給食費など，義務教育にかかる費用を給付します。

**❽ せい** ⇒ 生業扶助：技能の修得や就職の支度にかかる費用を給付します。

## POINT　　　　　　　　　　　　　　　　　生活保護の動向

　生活保護を受けている人（被保護者）の数は，社会や経済の状況に応じて変化します。最近の動向をみてみると，1985（昭和60）年度に143万人だった被保護人員は，1995（平成7）年には88万人まで減少しますが，その後，増加に転じ，2006（平成18）年には152万人となっています。また，世帯類型別にみると，高齢化の進展や不況を反映し，高齢者世帯，傷病・障害者世帯，母子世帯の順に被保護世帯に占める割合が高くなっています。

■生活保護制度の保護は，生活扶助，教育扶助，住宅扶助，医療扶助など，8種類となっている。　…○

■教育扶助は，義務教育に伴って必要な教科書その他の学用品および通学用品について行うものであり，学校給食については該当しない。　…×

■医療扶助は，診察，薬剤，医学的処置，手術および治療並びに施術，看護等について行うものであり，治療材料については該当しない。　…×

## 生活扶助の加算制度

かーさん 辞 任!? 帽子を取って 財 宝を 紹 介する 会
❶　　　❷❸　　❹　　　　　❺❻　　❼❽　　❾

❶ 生活扶助加算
❷ 児童養育加算
❸ 妊産婦加算
❹ 母子加算
❺ 在宅患者加算
❻ 放射線障害者加算
❼ 障害者加算
❽ 介護施設入所者加算
❾ 介護保険料加算

## CHECK WORD

- **❶ かーさん** ⇒ 生活扶助加算：生活扶助には，保護を受ける人の年齢や障害など，特別に費用が必要となる場合に対応するため，8種類の加算制度が設けられています。
- **❷ じ** ⇒ 児童養育加算：小学校6年生までの児童を養育する人に対して加算します。
- **❸ にん** ⇒ 妊産婦加算：妊産婦に対する加算です。
- **❹ ぼうしを取って** ⇒ 母子加算：15歳以下（15歳に達した年度まで）の児童を養育するひとり親世帯に加算します。
- **❺ ざい** ⇒ 在宅患者加算：結核などにより在宅で療養する人のために加算されます。
- **❻ ほうを** ⇒ 放射線障害者加算：原爆の被爆者や放射線を多量に浴びた人に対し加算します。
- **❼ しょう** ⇒ 障害者加算：障害等級3級以上，もしくは国民年金の障害等級2級以上の人に対して，加算します。
- **❽ 介する** ⇒ 介護施設入所者加算：介護施設入所者基本生活費（介護施設に入所している人に対して算定されるもの）を受ける人であり，母子加算や障害者加算が算定されていない人に加算します。
- **❾ かい** ⇒ 介護保険料加算：介護保険の第1号被保険者の人に，介護保険料分を加算します。

## POINT　　　　　　　　　　　　　　　加算制度

妊産婦や障害者といった日常生活で特別な需要が生じる世帯において，上乗せをするのが加算制度です。

- ■在宅患者加算は，居宅で療養に専念している患者で，医師の診断により栄養の補給が必要と認められる者に行われる加算である。　…◯
- ■児童養育加算は，小学校第6学年修了前までの児童の養育を行うものに対して行う加算である。　…◯
- ■生活保護制度において，母子加算は，段階的廃止が行われる。　…◯

※母子加算については，16〜18歳の子どものみを養育するひとり親世帯の場合，2005（平成17）年度から3年かけて段階的に廃止することとされ，15歳以下の子どもを養育するひとり親世帯の場合，2007（平成19）年度から3年かけて廃止される予定である。母子加算が減額・廃止されることを補い，就労支援金が2009（平成21）年度まで増額される。

## 介護福祉士の義務

福祉士　連　盟の　神　秘
❶　　　❷　❸　　❹　❺

❶ 福祉士（介護福祉士・社会福祉士・精神保健福祉士）
❷ 連　携
❸ 名称の使用制限
❹ 信用失墜行為の禁止
❺ 秘密保持義務

## CHECK WORD

**❶ 福祉士** ⇒ 福祉士（介護福祉士・社会福祉士・精神保健福祉士）：介護福祉士と社会福祉士は「社会福祉士及び介護福祉士法」に，精神保健福祉士は「精神保健福祉士法」に規定されている国家資格です。また，それぞれの法律において，守らなければならない義務が示されており，介護福祉士・社会福祉士・精神保健福祉士ともに同じ義務が課せられています。

**❷ 連** ⇒ 連携：業務を行うにあたり，医療関係者との連携を保つことが求められます。

**❸ めいの** ⇒ 名称の使用制限：資格を持つ人以外は，介護福祉士・社会福祉士・精神保健福祉士といった名称を用いることはできません。

**❹ しん** ⇒ 信用失墜行為の禁止：信用を傷つける行為をしてはならないという規定です。

**❺ 秘** ⇒ 秘密保持義務：業務上で知った人の情報を漏らしてはいけないというもので，職を退いた後も適用されます。

## POINT　　　　　　　　　　　　　　　　罰則規定

・秘密保持義務違反　⇒1年以下の懲役または30万円以下の罰金，もしくは登録の取消（社会福祉士及び介護福祉士法第32条・第50条，精神保健福祉士法第32条・第44条）
・名称の使用制限違反⇒30万円以下の罰金（社会福祉士及び介護福祉士法第53条，精神保健福祉士法第47条）
・信用失墜行為の禁止⇒登録の取消（社会福祉士及び介護福祉士法第32条，精神保健福祉士法第32条）
・連　携　　　　　　⇒精神保健福祉士が主治医による指導を受けなかった場合，登録の取消，もしくは期間を定めた名称の使用停止（精神保健福祉士法第32条）

■介護福祉士は，医師やその他の医療関係者との連携を保たなければならない。　…○

■介護福祉士は，業務に関して知り得た秘密を漏らしてはならないが，介護の仕事をやめた後は，秘密保持の義務はない。　…×

■社会福祉士は，相互の専門性を尊重し，他の専門職等と連携・協働する。　…○

# 介護保険の基本理念

キリンを　シャカシャカ　磨いて，リハーサルに呼ぼう
　❶　　　　❷　　　　　❸　　　　❹

❶ 介護保険の基本理念
❷ 社会的支援
❸ 民間活力の活用
❹ リハビリ・予防の重視

## CHECK WORD

❶ <u>キリン</u>を　　　　　⇒ 介護保険の基本理念

❷ <u>シャカ</u>シャカ　　　⇒ 社会的支援

❸ <u>み</u>がいて　　　　　⇒ 民間活力の活用

❹ <u>リハーサル</u>によぼう ⇒ リハビリ・予防の重視

介護保険制度は 2000（平成12）年4月に施行され，介護の社会化，措置による公的福祉サービスから保険によるサービス提供への転換をはかりました。

## POINT　　　　　　　　　介護保険の理念

① 自立支援
② 保険医療福祉の統合による包括的ケアの提供
③ サービスを選ぶ権利の保障
④ 在宅ケアの重視
⑤ 民間活力の導入

■介護保険の基本的理念に高齢者介護に対する社会的支援がある。　…○

■介護保険の基本的理念に市町村の措置権強化がある。　…×

※利用者が自由に選べる枠組みをつくったのが介護保険である。

## 介護保険の第1号被保険者

カゴのイチゴを　むこう
❶　　　　　　　❷

❶ 介護保険の第1号被保険者
❷ 65歳以上

老人福祉論

### CHECK WORD

❶ カゴのイチゴを ⇒ 介護保険の第1号被保険者
❷ むこう　　　⇒ 65歳以上

### POINT　　　　　　　　　　介護保険法と介護保険制度

　高齢化社会による介護需要の増大，医療費の高騰などの理由から介護を独立して運用し，平等かつ公正な福祉サービスを行うために1997（平成9）年に介護保険法が立法化されました。高齢者介護に対する社会的支援，予防とリハビリテーションがこの法律の基本理念となっています。

　介護保険法は準備期間を経て，2000（平成12）年4月に施行されました。
　介護保険の保険者は市町村および政令指定都市の特別区であり，被保険者は40歳以上のすべての国民であり，65歳以上の第1号被保険者と40歳以上65歳未満の第2号被保険者にわかれます。

■介護保険制度では，65歳以上を第1号被保険者としている。　…○

■65歳以上で生活保護を受けている者は，介護保険料が負担できないため，介護保険の被保険者とはなれない。　…×

※65歳以上で生活保護を利用している場合であっても，介護保険の保険料を生活扶助に上乗せして支給する形で加入するという仕組みになっている。

## 介護保険の第2号被保険者

介護にニコニコ　しない　ムコ
❶　　　　　　　❷　　　❸

❶ 介護保険の第2号被保険者
❷ 40歳以上
❸ 65歳未満

## CHECK WORD

① 介護にニコニコ ⇒ 介護保険の第2号被保険者
② しない ⇒ 40歳以上
③ ムコ ⇒ 65歳未満

## POINT 介護保険制度の概要

| 制度の開始 | 2000(平成12)年4月 | |
|---|---|---|
| 運営主体(保険者) | 市町村・特別区 | |
| 加入者(被保険者) | 第1号被保険者 | 第2号被保険者 |
| | 65歳以上の人 | 40歳～64歳までの医療保険加入者 |
| サービスの利用者 | 要介護者または要支援者 | 初老期認知症,脳血管疾患など老化が原因とされる病気により要介護または要支援状態になった人 |

■介護保険制度では,40歳以上65歳未満の医療保険加入者を第2号被保険者としている。 …◯

■第2号被保険者が介護保険給付を受けるには,たとえ要介護状態にあっても,それが政令で定めた特定の疾病が原因で生じたものでなければならない。 …◯

## 020

# 要介護認定基準を計算する5つの分野

キジの 胃 腸 管, 機能に 問題
❶　　 ❷ ❸ ❹　❺　　❻

❶ 要介護認定等基準時間
❷ 医療関連行為
❸ 直接生活介助
❹ 間接生活介助
❺ 機能訓練関連行為
❻ 問題行動関連行為

## CHECK WORD

- ❶ <u>キジ</u>の ⇒ 要介護認定等基準時間 ：直接生活介助をはじめとする5分野に分類されて推計されます。
- ❷ <u>い</u> ⇒ <u>医療関連行為</u>：輸液の管理，褥瘡の処置等の診療の補助。
- ❸ <u>ちょう</u> ⇒ <u>直接生活介助</u>：入浴，排泄，食事等の介護。
- ❹ <u>かん</u> ⇒ <u>間接生活介助</u>：洗濯，掃除等の家事援助等。
- ❺ <u>機能に</u> ⇒ <u>機能訓練関連行為</u>：歩行訓練，日常生活訓練等の機能訓練。
- ❻ <u>問題</u> ⇒ <u>問題行動関連行為</u>：徘徊に対する探索，不潔な行為に対する後始末等。

## POINT　　　　　　　　　　　　　　要介護支援認定基準時間

| | |
|---|---|
| 要支援1 | 上記5分野の要介護認定等基準時間が<br>25分以上32分未満またはこれに相当する状態 |
| 要支援2<br>要介護1 | 上記5分野の要介護認定等基準時間が<br>32分以上50分未満またはこれに相当する状態 |
| 要介護2 | 上記5分野の要介護認定等基準時間が<br>50分以上70分未満またはこれに相当する状態 |
| 要介護3 | 上記5分野の要介護認定等基準時間が<br>70分以上90分未満またはこれに相当する状態 |
| 要介護4 | 上記5分野の要介護認定等基準時間が<br>90分以上110分未満またはこれに相当する状態 |
| 要介護5 | 上記5分野の要介護認定等基準時間が<br>110分以上またはこれに相当する状態 |

- ■要介護認定基準時間を算出するための5分野に医療関連行為が含まれる。
- ■要介護認定基準時間を算出するための5分野に直接生活介助が含まれる。
- ■要介護認定基準時間を算出するための5分野に間接生活介助が含まれる。

老人福祉論

## 介護認定の区分

ツ ヨシの 誤 解です
❶  ❷    ❸ ❹

- ❶ 2段階
- ❷ 要支援
- ❸ 5段階
- ❹ 要介護

## CHECK WORD

- ❶ ツ ⇒ 2段階
- ❷ ヨシの ⇒ 要支援

常時介護までは必要ないが，家事など日常生活に支援を必要とします。2段階にわけられます。

- ❸ 誤 ⇒ 5段階
- ❹ かいです ⇒ 要介護

寝たきり，認知症などで常に介護を要する状態。5段階にわけられます。

## POINT　　　　　　　　　　介護認定とは？

　介護が必要な者を要介護者といい，また要介護者になるおそれのある者を要支援者といいます。要介護状態または要支援状態にある者から保険の自己申請があれば，認定審査し，軽いほうから順に要支援1，2，要介護1，2，3，4，5までの7段階に判定します。

■介護認定の区分は7段階にわかれている。 …○

■要支援認定について，新たに要支援1および2の区分が設けられ，その審査判定は介護支援専門員が行うこととなった。 …✕

※要支援者は，予防給付により介護予防サービスを受けられる。
※審査判定については，市町村・特別区の介護認定審査会が行う。

## 022

# 介護保険の認定有効期間

新（しん） 郎（ろう） 挙式中（ちゅう）に 行進
❶ ❷ ❸ ❹

❶ 新規認定
❷ 6か月
❸ 12か月
❹ 更新認定

## CHECK WORD

| | | |
|---|---|---|
| ❶ <u>新</u> | ⇒ 新規認定 | 新規認定の有効期間は，原則として6か月です。ただし，介護認定審査会の意見を聴き，市町村が必要と判断した場合には，市町村は，3か月から5か月の範囲内で月を単位とする期間を有効期間とすることができます。 |
| ❷ <u>郎</u> | ⇒ 6か月 | |
| ❸ 挙式<u>中に</u> | ⇒ 12か月 | 更新認定の有効期間は，原則として12か月です。ただし，介護認定審査会の意見を聴き，市町村が必要と判断した場合には，市町村は，要介護更新認定では3か月から24か月の範囲内で，また，要支援更新認定では3か月から11か月の範囲内で，月を単位とする期間を有効期間とすることができます。 |
| ❹ <u>こうしん</u> | ⇒ 更新認定 | |

## POINT

認定の遡及効

要介護・要支援の認定は，市町村が，被保険者に対して介護保険制度の利用対象となる要介護・要支援状態にあると認めることです。つまり，介護保険の対象となる保険事故が発生したと市町村が確認をしたということになります。では，その効力はいつから生じるのかというと，要介護や要支援の状態に陥った日ではなく，認定申請のあった日より効力を発揮します。

■介護保険制度における要介護認定の有効期間は，原則1年間である。 …×

■介護保険制度における要介護認定の有効期間内に介護の必要の程度が変化した場合，要介護状態区分の変更の認定を申請することができる。 …○

※要介護認定の有効期間は，新規認定では原則として6か月，更新認定では12か月である。

## 介護保険の申請代行

神聖な大根, し けたマネーに 限り, 放火
❶        ❷  ❸          ❹      ❺

❶ 申請代行
❷ 介護保険施設
❸ ケアマネジャー（居宅介護支援事業者）
❹ 厚生労働省令で定めるものに限り
❺ 地域包括支援センター

## CHECK WORD

❶ しんせいなだいこん ⇒ 申請代行 ：要介護・要支援認定の申請を本人に代わり行うことを申請代行といいます。

❷ し ⇒ 介護保険施設

❸ けたマネーに ⇒ ケアマネジャー（居宅介護支援事業者）

❹ 限り ⇒ 厚生労働省令で定めるものに限り

❺ ほうか ⇒ 地域包括支援センター

以前は，申請代行が行える者として，居宅介護支援事業者や介護保険施設があげられていましたが，2005（平成17）年の介護保険法改正により，そうした事業者のうち，厚生労働省令で定める基準を充たしている者と限定され，家族・親族や成年後見人，民生委員など以外では，申請代行は基本的に地域包括支援センターが行うこととされました。

## POINT 申請代行

介護保険において申請代行が認められているのは，居宅介護支援事業者・介護保険施設・地域密着型介護老人福祉施設のうち厚生労働省令で定めるもの，家族・親族，成年後見人，民生委員，介護相談員，社会保険労務士，地域包括支援センターとされています。

■地域包括支援センターは，要介護認定の申請手続きの代行ができる。 …○

## 介護保険施設

施設で　療養中に　服の　保険下りる
❶　　　❷　　　　❸　　❹

❶ 介護保険施設
❷ 指定介護療養型医療施設
❸ 指定介護老人福祉施設
❹ 介護老人保健施設

## CHECK WORD

❶ 施設で　　⇒ 介護保険施設：介護保険法では，介護保険施設を定めており，その中には3つの種類があります。

❷ 療養中に　⇒ 指定介護療養型医療施設：療養上の管理や介護を必要とする要介護者に対して，看護・医学的管理や介護・機能訓練などを行う入所型の施設です。

❸ ふくの　　⇒ 指定介護老人福祉施設：介護や日常生活上の世話を必要とする要介護者に対して，入浴や排せつ・食事などの介護，機能訓練などを行う入所型の施設です。老人福祉法では，特別養護老人ホームと呼ばれます。

❹ 保けん下りる⇒ 介護老人保健施設：医学的管理を必要とする要介護者に対して，介護や機能訓練・その他必要な医療を行う入所型の施設です。

## POINT　　　　　　　　　　　　　　　　介護保険施設

　介護保険法に規定されている入所型の施設のことで，3つの種類があります。介護老人福祉施設では介護を主として行い，介護老人保健施設では看護・介護・機能訓練を，介護療養型医療施設では医療・看護を提供します。介護保険法における「施設サービス」とは，この3つの施設で提供されるサービスのことをさし，訪問介護（ホームヘルプ）や通所介護（デイサービス），短期入所生活介護（ショートステイ）などの居宅介護サービスとは，区別されます。また，認知症対応型共同生活介護は入居してサービスを受ける入居型ですが，「施設サービス」ではなく，地域密着型サービスに区分されます。

■介護保険施設とは，指定介護老人福祉施設，介護老人保健施設および指定介護療養型医療施設をいう。　　…○

■介護保険施設では，居宅生活のときに担当していた指定居宅介護支援事業所の介護支援専門員が，施設サービス計画を作成する。　　…×

※介護保険施設において提供されるサービスは，施設サービス計画に基づき行われ，施設に配置された介護支援専門員が施設サービス計画の作成を担当する。

## 介護給付費の公費負担割合

<ruby>公<rt>こう</rt></ruby> <ruby>国<rt>こく</rt></ruby> ニコニコ 県 ニコニコ 市
❶　❷　❸　　　❹　❺　　　❻

❶ 50%
❷ 国
❸ 25%
❹ 都道府県
❺ 25%
❻ 市町村

My Dukedom!

### CHECK WORD

❶ 公　　⇒ 50%
❷ 国　　⇒ 国
　　　　　　　介護給付費（介護保険の介護給付と予防給付）のうち，公費負担分に占める国の割合 は，半分の 50％ になります。

❸ ニコニコ ⇒ 25%
❹ 県　　⇒ 都道府県
　　　　　　　公費負担分に占める都道府県の割合 は，25%です。

❺ ニコニコ ⇒ 25%
❻ 市　　⇒ 市町村
　　　　　　　公費負担分に占める市町村の割合 は，都道府県と同率の 25% です。

### POINT　　　　　　　　　　　　　　　介護給付費の公費負担

　介護給付費は利用者負担を除いた保険給付にかかる費用のことですが，その費用は公費と保険料から賄われており，割合は 50% ずつとなっています。上にある説明は，公費分を 100 と考えた場合の割合であり，全体からみた割合でいえば，先の数字に 2 を除した（国：25%，都道府県：12.5%，市町村：12.5%）数となります。

■介護保険制度では，介護給付を受けようとする被保険者は，介護認定審査会における審査判定を経て市町村の要介護認定を受けるが，支援費制度では，支援費支給の申請者に対して，支援費支給の要否を市町村が決定する。　…○

※支援費制度では，支援費の支給決定のために審査・判定機関は設けられていない。支援費支給の要否は，厚生労働省令で定める事項を勘案して市町村が決定する。

# 介護給付費の保険料割合

いくぞ　1号，2号は　見ていろ！
❶　　　❷　　　❸　　　❹

❶ 19%
❷ 第1号保険料
❸ 第2号保険料
❹ 31%

## CHECK WORD

① いくぞ ⇒ 19%

② 1号 ⇒ 第1号保険料

③ 2号は ⇒ 第2号保険料

④ 見ていろ ⇒ 31%

介護給付費（介護保険の介護給付と予防給付）全体における第1号保険料の割合は，19％とされています。

介護給付費全体における第2号保険料の割合は，31％とされています。

## POINT 介護給付費の保険料割合

　介護給付費（介護保険の介護給付と予防給付）の構成割合は，利用者負担を除き，公費と保険料が半分ずつとなっています。保険料は，2006（平成18）年度から2008（平成20）年度までは，第1号保険料が19％，第2号保険料が31％とされています。なお，この数字は，介護給付費負担全体からみた割合です。

■介護保険制度の給付に要する費用は，利用者負担を除いて，40歳以上の被保険者が納付する保険料と，国および地方公共団体による公費負担とから成り立っている。 …○

## 027

# 介護保険審査会・介護認定審査会

怒涛の 審査, 市が 認定
❶　　　❷　　　❸　　❹

❶ 都道府県
❷ 介護保険審査会
❸ 市町村
❹ 介護認定審査会

## CHECK WORD

1. <u>どとうの</u> ⇒ 都道府県：介護保険審査会は，都道府県に設置されます。
2. <u>審査</u> ⇒ 介護保険審査会：介護保険審査会は，要介護認定などに不服がある場合に，審査請求を受け付ける機関です。
3. <u>市が</u> ⇒ 市町村：介護認定審査会は，市町村に設置されます。
4. <u>認定</u> ⇒ 介護認定審査会：介護認定審査会は，要介護度の審査・判定を行う機関です。

## POINT　介護保険審査会と介護認定審査会

この2つの審査会は，名称が似ているので，その働きや設置場所を間違えないようにしましょう。介護保険審査会は市町村の処分に関する「審査請求」を行い，介護認定審査会は要介護度の「審査・判定」を行います。また，認定調査や認定そのものは市町村が行い，介護認定審査会が行うわけではなく，あくまでも要介護度を「見立て」る機関であることにも注意しておきましょう。

- ■介護保険の審査請求に対する介護保険審査会は，市町村および特別区に設置される。　…×
- ■要介護認定に不服がある者は，市町村に設置されている介護保険審査会に審査請求することができる。　…×
- ■介護保険の要介護認定については，市町村は都道府県の介護認定審査会に委託できる。　…○

※介護保険審査会は，介護保険の不服申し立てを審議する第三者機関であり，都道府県に設置される。市町村は介護認定審査会を設置して要介護認定を行うが，自ら審査判定を行うことが困難な市町村は都道府県に委託することができる。その場合，都道府県に介護認定審査会を設置し，そこで介護認定の審査判定を行うことになる。

## 老人福祉施設

ねぇ, ようこ, 京浜 の 『シェスタ 福島』 短期 デイ お得よ
　❶　　❷　　❸　　　❹　　❺　　❻　　❼

❶ 養護老人ホーム
❷ 軽費老人ホーム
❸ 老人（在宅）介護支援センター
❹ 老人福祉センター
❺ 老人短期入所施設
❻ 老人デイサービスセンター
❼ 特別養護老人ホーム

## CHECK WORD

❶ ねぇ，ようこ ⇒ 養護老人ホーム：経済的理由や環境的な理由により，居宅で生活することが難しい65歳以上の人を，市町村の措置により入所させる施設です。

❷ けいひんの ⇒ 軽費老人ホーム：60歳以上の人を対象に，無料または低額な料金で，食事の提供や日常生活の支援を行う施設です。

❸ シェスタ ⇒ 老人（在宅）介護支援センター：高齢者にまつわる総合的な相談，市町村・老人福祉施設・医療施設・老人クラブなどの連絡調整を行います。

❹ 福しま ⇒ 老人福祉センター：高齢者に対して，健康の増進，教養の向上，レクリエーションための活動を行うとともに，高齢者にまつわる相談にも応じます。

❺ 短期 ⇒ 老人短期入所施設：市町村による措置や介護保険の要介護・要支援認定を受けた人が，短期間入所する施設です。

❻ デイ ⇒ 老人デイサービスセンター：市町村による措置や介護保険の要介護・要支援認定を受けた人が通い，食事や排せつ，機能訓練などを受ける施設です。

❼ おとくよ ⇒ 特別養護老人ホーム：市町村による措置や介護保険の要介護認定を受けた人を入所させて，介護を行なう施設です。介護保険法では，介護老人福祉施設と呼ばれます。

## POINT　　老人福祉施設

老人福祉法では，第5条の3で老人福祉施設を定めています。老人福祉施設には，❶老人デイサービスセンター，❷老人短期入所施設（ショートステイ），❸養護老人ホーム，❹特別養護老人ホーム（介護老人福祉施設），❺軽費老人ホーム，❻老人福祉センター，❼老人（在宅）介護支援センターの7つがあります。

■老人福祉施設とは，老人デイサービスセンター，老人短期入所施設，養護老人ホーム，特別養護老人ホーム，軽費老人ホーム，有料老人ホーム，老人福祉センターおよび老人介護支援センターをいう。 …×

■老人介護支援センター（在宅介護支援センター）は，老人福祉法に規定された老人福祉施設であり，社会福祉法では，第2種社会福祉事業に位置づけられている。 …○

※有料老人ホームは含まれない。

## 老人居宅生活支援事業

おたく生活　短期　でいいなら　巨　匠が　認知
❶　　　　　❷　　　❸　　　　　❹　❺　　❻

❶ 老人居宅生活支援事業
❷ 老人短期入所事業
❸ 老人デイサービス事業
❹ 老人居宅介護等事業
❺ 小規模多機能型居宅介護事業
❻ 認知症対応型老人共同生活援助事業

## CHECK WORD

**❶ おたく生活** ⇒ 老人居宅生活支援事業：老人福祉法第5条の2で定められている事業で，生活をするには支援を必要とする高齢者が，居宅で生活を続けることができるように生活を支援するものです。

**❷ 短期** ⇒ 老人短期入所事業：市町村による措置や介護保険の要介護・要支援認定を受けた人を，特別養護老人ホームや老人短期入所施設に短期間入所させる事業です。

**❸ でいいなら** ⇒ 老人デイサービス事業：市町村による措置や介護保険の要介護・要支援認定を受けた人を，特別養護老人ホームや老人デイサービスセンターなどに通わせて，食事などの介護や機能訓練を行う事業です。

**❹ きょ** ⇒ 老人居宅介護等事業：市町村による措置や介護保険の要介護・要支援認定を受けた人に，居宅で入浴・排せつ・食事などの介護を行うものです。

**❺ しょうが** ⇒ 小規模多機能型居宅介護事業：市町村による措置や介護保険の要介護・要支援認定を受けた人に対し，居宅や小規模多機能型居宅介護事業所において，入浴・排せつ・食事などの介護や機能訓練を行います。

**❻ 認知** ⇒ 認知症対応型老人共同生活援助事業：市町村による措置や介護保険の要介護・要支援認定を受けた認知症の人に対して，認知症高齢者グループホームにおいて住居を提供し，入浴・排せつ・食事などの介護を行う事業です。

## POINT 老人居宅生活支援事業

老人居宅生活支援事業は，老人福祉法第5条の2第1項で規定されているもので，日常生活において何らかの支援を必要とする高齢者が，地域で生活を続けていくことができるよう支援するもので，❶老人居宅介護等事業，❷老人デイサービス事業，❸老人短期入所事業，❹小規模多機能型居宅介護事業，❺認知症対応型老人共同生活援助事業の5つがあります。

■老人居宅生活支援事業とは，老人居宅介護等事業，家族介護支援事業，老人デイサービス事業，老人短期入所事業および認知症対応型老人共同生活援助事業のことである。 …×

※家族介護支援事業は含まれず，上記事業に加えて小規模多機能型居宅介護事業が加わる。

## 030

# 認知症対応型共同生活介護の入居定員

グループホームは　悟　空と
――――――――　――　――
❶　　　　　　　❷　❸

❶ 認知症対応型共同生活介護
❷ 5人以上
❸ 9人以下

### CHECK WORD

❶ グループホームは ⇒ 認知症対応型共同生活介護 ：認知症の高齢者を対象としたグループホームです。介護保険制度において，地域密着型サービスのひとつに位置づけられています。

❷ 悟　　　　　　⇒ 5人以上　｝認知症対応型共同生活介護の入居定員は，5人以上9人以下とされています。
❸ 空と　　　　　⇒ 9人以下

### POINT　　　　　　　　　　　認知症対応型共同生活介護

認知症対応型共同生活介護が対象とする人は，以前は認知症に伴って著しい精神症状や行動障害があらわれている高齢者は除外されていましたが，2005（平成17）年の介護保険法改正により，除外規定は削除されました。

---

- ■認知症対応型共同生活介護は，施設サービスに位置づけられている。　…×
- ■認知症対応型共同生活介護の利用定員は5人から9人で，少人数による共同生活を営むことに支障がない人を利用対象者としている。　…○
- ■認知症対応型共同生活介護（認知症高齢者グループホーム）の整備は，ゴールドプラン21の目標値を超え，その後もさらに増加している。　…○

※認知症対応型共同生活介護は，地域密着型サービスに位置づけられている。

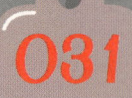

## 有料老人ホームの類型

一般の　外部サービス受けるには，拳　銃持って
❶　　❷　　　　　　　　　　　　　❸　❹

❶ 一般型特定施設入居者生活介護
❷ 外部サービス利用型特定施設入居者生活介護
❸ 健康型有料老人ホーム
❹ 住宅型有料老人ホーム

## CHECK WORD

**❶ 一般の** ⇒ 一般型特定施設入居者生活介護：介護サービスがついている有料老人ホームで、介護保険における特定施設入居者生活介護の指定を受けている必要があります。

**❷ 外部サービス受けるには** ⇒ 外部サービス利用型特定施設入居者生活介護：この有料老人ホームが立てた計画に基づき、外部の事業者により介護サービスを提供する有料老人ホームです。介護保険における特定施設入居者生活介護の指定を受けている必要があります。

**❸ けん** ⇒ 健康型有料老人ホーム：食事などのサービスがついている有料老人ホームですが、入居者が介護を必要とする状態になった場合、退去しなければなりません。

**❹ じゅう持って** ⇒ 住宅型有料老人ホーム：生活支援などのサービスがついている有料老人ホームです。入居者が介護を必要とする状態になった場合、入居者の選択により、外部の介護サービスを利用しながらこの有料老人ホームで生活を続けることもできます。

## POINT　　　　　　　　　介護付有料老人ホーム

「一般型特定施設入居者生活介護」と「外部サービス利用型特定施設入居者生活介護」の2つは、「介護付有料老人ホーム」と総称されます。有料老人ホームの類型は、以前「介護付」「住宅型」「健康型」の3つに区分されていたのですが、2006（平成18）年に通知が改正されたことで、「介護付」の中に「一般型」と「外部サービス型」の2つが設けられたという経緯があります。

■有料老人ホームは、介護付有料老人ホーム（一般型特定施設入居者生活介護）、介護付有料老人ホーム（外部サービス利用型特定施設入居者生活介護）、住宅型有料老人ホームおよび健康型有料老人ホームの4つに類型化されている。　…○

老人福祉論

## 032

# 高齢者の在宅ケアの連携

路地の　不　良は　ほっとけん
❶　　　❷　　❸　　❹

❶ 老人の在宅ケア
❷ 福　祉
❸ 医　療
❹ 保　健

老人福祉論

### CHECK WORD

❶ ろじの　⇒ 老人の在宅ケア

❷ ふ　⇒ 福祉

❸ りょうは　⇒ 医療

❹ ほっとけん　⇒ 保健

高齢者の在宅ケアは，保健・医療・福祉等の各領域が協力して行う必要があります。これは，直接的な介護や社会資源の活用が必要とされることに加えて，身辺の行為に身体機能が関わっていることとも関係しています。また，支援の対象となる，利用者や利用者の生活がさまざまな側面から構成されていることとも深く関係しています。

### POINT　　　　　在宅福祉サービスとは？

　在宅の介護を必要とする寝たきりの高齢者や虚弱な高齢者などに対し，施設での通所および訪問により各種サービスを提供します。対象者は原則として65歳以上の人（65歳未満であって初老期認知症に該当する人，および身体障害者を含む）であって，在宅の介護などを必要とする人のうち，区市町村長が必要と認めた人です。

■老人を対象とした在宅ケアは保健，医療および福祉の連携を密にする。　…○

## 033

## 地域密着型サービス（地域密着型特定施設入居者生活介護・地域密着型介護老人福祉施設）

| 肉に | 密着 | she said | 特許 | 変えろ |
|---|---|---|---|---|
| ❶ | ❷ | ❸ | ❹ | ❺ |

❶ 29人以下
❷ 地域密着型サービス
❸ 施　設
❹ 地域密着型特定施設入居者生活介護
❺ 地域密着型介護老人福祉施設入所者生活介護

## CHECK WORD

**❶ 肉に** ⇒ 29人以下：地域密着型サービスのうち，入居形態を取るサービスについては，入居定員が29人以下と定められています。ただし，認知症対応型共同生活介護（認知症高齢者グループホーム）は例外で，5人以上9人以下と入居定員が決められています。この項目は，「グループホームは悟空と（p.60）」と併せて覚えましょう。

**❷ 密着** ⇒ 地域密着型サービス：要介護者の住みなれた地域でサービスを提供することを目的に，2005（平成17）年の介護保険法改正により新たに創設されたサービスです。小規模でありサービスの柔軟な運用ができること，市町村が事業者を指定するといった特徴があります。

**❸ she said** ⇒ 施設（地域密着型特定施設入居者生活介護・地域密着型介護老人福祉施設入所者生活介護）：地域密着型サービスには6種類あり，このうち，「施設サービス」あるいは「居宅サービス」に位置づけられているものと同様のサービスを提供するものには，サービス名の前に特に「地域密着型」という言葉がつけられています。つまり，「地域密着型特定施設入居者生活介護」と「地域密着型介護老人福祉施設入所者生活介護」の2つがこのサービスに該当します。

**❹ とっきょ** ⇒ 地域密着型特定施設入居者生活介護：有料老人ホームなどのうち，入居定員を29人以下と定め，その施設において介護を提供するものです。

**❺ かえろ** ⇒ 地域密着型介護老人福祉施設入所者生活介護：特別養護老人ホーム（介護老人福祉施設）のうち，入居定員を29人以下と定め，その施設において介護を提供するものです。

## POINT　　地域密着型サービス

地域密着型サービスには，夜間対応型訪問介護，認知症対応型通所介護，小規模多機能型居宅介護，認知症対応型共同生活介護，地域密着型特定施設入居者生活介護，地域密着型介護老人福祉施設入所者生活介護の6種類あります。

■ 地域密着型特定施設入居者生活介護の指定を受けることができる施設は，介護専用型特定施設のうち，その入居定員が29名以下のものである。　…○

■ 小規模多機能型居宅介護や認知症対応型共同生活介護は，地域密着型サービスのひとつである。　…○

## 034

## 間違えやすい居宅サービスと地域密着型サービスの種類

居宅で　特許，任　俠道は　地域で
❶　　　 ❷　　❸　❹　　　 ❺

❶ 居宅サービス
❷ 特定施設入居者生活介護
❸ 認知症対応型
❹（認知症対応型）共同生活介護
❺ 地域密着型サービス

## CHECK WORD

**❶ 居宅で** ⇒ 居宅サービス：介護保険法における「居宅サービス」のことです。

**❷ 特きょ** ⇒ 特定施設入居者生活介護：有料老人ホームなどの施設（特定施設）において，入居している要介護者に対して介護を提供するものです。

**❸ にん** ⇒ 認知症対応型：要介護者を対象とするサービスの中で，「認知症対応型」と冠せられているサービスには2つ（認知症対応型通所介護・認知症対応型共同生活介護）あり，いずれも地域密着型サービスに分類されます。

**❹ きょうどうは** ⇒ （認知症対応型）共同生活介護：要介護者で認知症を持つ人に対し，共同生活を行える場所において介護や日常生活上の世話をするものです。いわゆる，認知症高齢者グループホームといわれるものです。

**❺ 地域で** ⇒ 地域密着型サービス：市町村が定めた日常生活圏域ごとに，市町村がサービス量を調整できるもので，居宅サービスと異なり市町村が事業者を指定します。介護を必要とする状態になっても，住みなれた地域で，それまでの交友関係を損なうことなく暮らしていけることを目的に，2005（平成17）年の介護保険法改正において新設されたサービスです。

## POINT　特定施設入居者生活介護は「居宅」，グループホームは「地域」

介護保険法のサービスは，「介護給付」「予防給付」という区分のほかに，「居宅サービス」「施設サービス」「地域密着型サービス」というわけ方があります。個々のサービスがこの大きな分類の中のどこに属しているのか整理することは，なかなか大変です。特に入所型施設と同じようなサービスを提供する「特定施設入居者生活介護」や，グループホームの形態を取る「認知症対応型共同生活介護」は，どこに分類されるのか混乱することも少なくありません。前者は「居宅サービス」に，後者は「地域密着型サービス」に位置づけられていることをしっかり整理しておきましょう。

■地域密着型認知症対応型共同生活介護では，原則として，当該事業者を指定した市町村の区域に住所を有するものに限って入居できる。 …○

# 地域包括支援センターの基本機能

そうそう, ❶　ようこ。❷　千太(せんた) ❸　継続して ❹　呼ばなきゃね ❺

❶ 総合相談支援
❷ 権利擁護
❸ 地域包括支援センター
❹ 包括的・継続的ケアマネジメント支援
❺ 介護予防ケアマネジメント

## CHECK WORD

**❶ そうそう** ⇒ 総合相談支援：保健・医療・福祉をはじめとする社会資源間のネットワーク構築，地域の高齢者やその家族の状況の把握，総合相談・利用者への情報提供・関係機関への紹介等を行います。

**❷ ようこ** ⇒ 権利擁護：高齢者等に対して権利擁護の観点から支援が必要かどうかを確認し，必要であれば，成年後見制度や福祉サービス利用援助事業の活用を支援し，また，虐待への対応や消費者被害の防止を行います。

**❸ せんた** ⇒ 地域包括支援センター ：2005（平成17）年の介護保険法改正により新設されたもので，地域における包括ケアを推進する中心的役割を担います。具体的には，このページの各項目で説明している業務（包括的支援事業と総称される）のことです。

**❹ 継続して** ⇒ 包括的・継続的ケアマネジメント支援：地域の介護支援専門員に対して，困難な事例に関する相談や助言を行ったり，事例検討会や研修の実施，技量向上のための個人指導等を行います。

**❺ よばなきゃね** ⇒ 介護予防ケアマネジメント：要支援者，要支援・要介護状態となるおそれのある高齢者を対象に，ケアマネジメントを行います。

## POINT　　　　　　　　　　　　　　地域包括支援センター

　地域包括支援センターは，事後的な給付から介護予防へと基本姿勢を転換した2005（平成17）年の改正介護保険法の中核となる機関のひとつです。介護予防ケアマネジメントを中心に，介護支援専門員への支援，社会資源間のネットワーク構築，権利擁護，総合相談を行います。また，こうした総合的な業務を担うことから，社会福祉士・保健師・主任介護支援専門員といった専門職を配置することとされています（標準的な職員配置の場合）。

■介護予防マネジメント事業，総合相談・支援事業および包括的・継続的マネジメント支援事業等を実施する施設として，地域包括支援センターが新たに設置されることになった。　…○

■平成17年の介護保険法の改正で，新たに地域包括支援センターが位置づけられ，社会福祉士，精神保健福祉士，保健師それぞれが必置となり，多職種の役割を調整する主任ケアマネジャーも位置づけられ，障害者も支援の対象とされた。　…×

※職員は，保健師または経験のある看護師，社会福祉士，主任ケアマネジャーの3職種が標準的配置とされている。精神保健福祉士は含まれていない。

## 036

# 居宅介護支援事業者の主な減算項目

一月に一回訪問, 会議して, 40未満に 説明・同意,
❶             ❷         ❸       ❹

集中したら 200の減算
❺        ❻

❶ 一月に一回の居宅訪問・面接
❷ サービス担当者会議の開催
❸ 40件未満
❹ 居宅サービス計画の説明・同意
❺ 特定事業所集中減算
❻ 200単位減算

## CHECK WORD

**❶ 一月に一回訪問** ⇒ 一月に一回の居宅訪問・面接：少なくとも一月に一回，利用者の居宅を訪問して，面接することが求められ，守られない場合には運営基準減算として介護保険報酬が70%に減算されます。

**❷ 会議して** ⇒ サービス担当者会議の開催：サービス担当者会議を開催して，利用者の状況などについて情報を集めることとされています。守られない場合，運営基準減算として70%に減額されます。

**❸ 40未満に** ⇒ 40件未満：取扱件数は，介護支援専門員一人あたり40件未満とされています。この件数以上扱うと，減算されます。

**❹ 説明・同意** ⇒ 居宅サービス計画の説明・同意：居宅サービス計画原案の内容について，利用者やその家族に説明し，同意を得なければなりません。守られない場合，運営基準減算として70%に減額されます。

**❺ 集中したら** ⇒ 特定事業所集中減算

**❻ 200の減算** ⇒ 200単位減算

前6か月間に作成した居宅サービス計画に指定訪問介護，指定通所介護，福祉用具貸与がある場合，それぞれのサービスごとに同じ事業者が総数の9割以上を占めている場合，「特定事業所集中減算」として，一月に200単位減算されます。

## POINT　　　　　　　　　　　　　　　　　　　　運営基準減算

介護報酬では，事業者により望ましい運営がなされるために，運営に関する基準が守られない場合に介護報酬を減算する運営基準減算という仕組みが設けられています。

■指定居宅介護支援事業者は，少なくとも3か月に1回，介護支援専門員に利用者の居宅を訪問させなければ，介護保険報酬上，減算される。　…×

※少なくとも1か月に1回，訪問。

## 037

# 日常生活自立支援事業

<u>日立市で</u>　<u>気管</u>　<u>支炎になった</u>　<u>ケン</u>　<u>写経を</u>　<u>実施</u>
❶　　　　❷　　　❸　　　　　　❹　　　❺

- ❶ 日常生活自立支援事業
- ❷ 基幹的市区町村社会福祉協議会
- ❸ 生活支援員
- ❹ 都道府県社会福祉協議会
- ❺ 実施主体

## CHECK WORD

**❶ 日立しで** ⇒ 日常生活自立支援事業：判断能力が十分でなかったり，むらがある人に対して，福祉サービスの利用援助，日常的金銭管理等を行う「福祉サービス利用援助事業（第二種社会福祉事業）」と「福祉サービス利用援助事業の普及・啓発・従事者の研修」の2つをあわせて行う国庫補助事業です。

**❷ きかん** ⇒ 基幹的市区町村社会福祉協議会：日常生活自立支援事業のうち，福祉サービス利用援助事業の実施に関わるものについて，実際の支援は基幹的市区町村社会福祉協議会により行なわれています。

**❸ 支えんになった** ⇒ 生活支援員：日常生活自立支援事業のうち，福祉サービス利用援助事業に関わるものでは，利用者に対する情報提供や助言，日常的金銭管理といった実際の支援を基幹的市区町村社会福祉協議会の生活支援員が行います。

**❹ ケン しゃきょうを** ⇒ 都道府県社会福祉協議会

**❺ 実施** ⇒ 実施主体

日常生活自立支援事業の実施主体は，都道府県社会福祉協議会とされています。

## POINT　日常生活自立支援事業

「日常生活自立支援事業」は，それまで「地域福祉権利擁護事業」と呼ばれていたものが，2007（平成19）年5月に名称変更されたものです。事業の対象者や実施主体，実施内容等は変わっていません。事業名がわかり難い，地域包括支援センターで行われる権利擁護業務と間違えやすい等の理由から名称変更がされました。

■日常生活自立支援事業の実施主体は，都道府県社会福祉協議会または指定都市社会福祉協議会である。　…○

■日常生活自立支援事業とは，判断能力の不十分な認知症高齢者らと契約し，日常的な金銭管理や福祉サービス利用の手続き代行などを行うものである。　…○

## 老人日常生活用具の品目

電話の　電磁波で，火災を　消火
❶　　　 ❷　　　　 ❸　　　 ❹

❶ 老人用電話
❷ 電磁調理器
❸ 火災警報器
❹ 自動消火器

老人福祉論

### CHECK WORD

① 電話の　⇒老人用電話
② 電磁波で　⇒電磁調理器
③ 火災を　⇒火災警報器
④ 消火　⇒自動消火器

老人福祉法に基づく
老人日常生活用具給付等事業 の
4品目です。

### POINT

**老人日常生活用具給付等事業**

老人福祉法（第10条の4第2項）に基づき行われている事業で，65歳以上で，身体や精神の状態から日常生活を営むことに支障がある人に対して，日常生活を助けるための用具を市町村から給付もしくは貸与するものです。費用は，国・都道府県・市町村がそれぞれ3分の1ずつ負担します。介護保険法が成立したことに伴い，多くの品目が介護保険の福祉用具や特定福祉用具に移され，現在では，4つの品目となっています。

■介護保険制度における福祉用具の保険給付が始まったのを受けて，老人日常生活用具給付等事業は終了した。　…×
■老人福祉法による老人日常生活用具給付等事業によって給付・貸与の対象となる用具の品目と，介護保険法によって貸与または購入費の対象となる福祉用具の品目とは異なる。　…○

※介護保険制度がスタートする前は老人日常生活給付事業の対象種目は16品目であったが，多くの種目が介護保険制度によるものに移行した。現在は4品目。

## 特定福祉用具の種目

腰掛けて　つりしてる間に，　入　管　いっとく？
❶　　　　　❷　　　　　　　　❸　❹　❺

❶ 腰掛便座
❷ 移動用リフトのつり具
❸ 入浴補助用具
❹ 簡易浴槽
❺ 特殊尿器

## CHECK WORD

❶ 腰掛けて ⇒ 腰掛便座：ポータブルトイレ，補高便座，立ち上がり補助便座などです。

❷ つりしてる間に ⇒ 移動用リフトのつり具：移動用リフトのつり具の部分です。

❸ 入 ⇒ 入浴補助用具：シャワーチェアや浴槽の縁に取り付ける手すりなどです。

❹ かん ⇒ 簡易浴槽：ベッドの脇などで用いる浴槽です。

❺ いっとく ⇒ 特殊尿器：尿を自動的に吸引する用具で，陰部にあてて使用します。

## POINT　　　　　　　　　　　特定福祉用具

　介護保険法では，福祉用具を貸与するものと購入するもの（介護保険法では特定福祉用具と呼びます）とにわけています。なぜ購入の種目を設けたかというと，便座や浴槽など，じかに人の肌に触れるものは貸与には馴染まないという理由からです。貸与と購入の種目は混同しやすいので，きちんと整理しておきましょう。

■特殊尿器は，特定福祉用具の種目に含まれる。　　　…○

■入浴補助用具は，特定福祉用具の種目に含まれる。　…○

■電気式たん吸引器は，特定福祉用具の種目に含まれる。　…×

■体位変換器は，福祉用具貸与の種目に含まれる。　　…○

■松葉づえは，福祉用具貸与の種目に含まれる。　　　…○

■普通型電動車いすは，介護保険法の福祉用具の貸与種目とされている。　…○

※電気式たん吸引器は，日常生活用具の給付対象である。

## 老人クラブ

You & I　元気な　ムトーさんと　ゴトーさんの
① 　　　② 　　　　③ 　　　　　　④

シルヴァニア　クラブ
⑤ 　　　　　　⑥

① 友愛活動
② 元気高齢者
③ 60歳以上
④ 50人規模
⑤ シルバー人材センター
⑥ 老人クラブ

老人福祉論

## CHECK WORD

① You & I　　⇒ 友愛活動
② 元気な　　　⇒ 元気高齢者 } 老人クラブは，おおむね60歳以上の人たちが自主的に組織した団体です。
③ ムトーさんと ⇒ 60歳以上
④ ゴトーさんの ⇒ 50人規模：老人クラブの規模は50人程度です。
⑤ シルヴァニア ⇒ シルバー人材センター } 老人クラブでは，会員に仕事の場を確保し，あっ旋するシルバー人材センターを運営しています。
⑥ クラブ　　　⇒ 老人クラブ

## POINT　　　　　　　　　　　　　　　　老人クラブ

　おおむね，60歳以上の人たちが自主的に組織した50人程度の規模の団体です。友愛活動，会員の仕事の場の確保等を行っています。

■老人クラブの会員は65歳以上で，クラブ活動が円滑に行える程度の同一地域に居住するもので組織しなければならない。　…×

■老人クラブは，地域社会との交流を目指したもので，会員は各地区から推薦された有志からなっている。　…×

■シルバー人材センターは，市町村に設置され，高齢者に臨時的・短期的な就業の機会等を提供している。　…○

※老人クラブは，60歳以上の人たちでつくる気軽にかつ安心して参加できる組織である。

## 虐待者となる要因

ギャングが 旅 館で スイミング
❶      ❷ ❸   ❹

❶ 虐待者となる要因
❷ 介護量
❸ 家族関係
❹ 睡眠時間帯

## CHECK WORD

❶ ギャングが ⇒ 虐待者となる要因：要介護者の睡眠時間帯，家族関係，介護者の介護量，経済的問題などさまざまな要因があります。

❷ りょ ⇒ 介護量：介護者に家族（身内）がいれば，主介護者のほかに副介護者がいることになります。これを介護の量といいます。

❸ かんで ⇒ 家族関係：家族は，過去の家庭生活史やそれ以前の出身家庭，また現在の介護役割をめぐる状況などの複雑な要因からその関係性が生じてきます。

❹ スイミング ⇒ 睡眠時間帯：要介護者が何度も覚醒したり，昼夜逆転になると，介護者の睡眠が妨げられ，疲労が重なり，ささいなことにも怒りを感じるようになります。

## POINT　　　　　　　　　　　　高齢者への虐待

　ADL障害や知的能力が低下した認知症の高齢者は虐待を受けやすく，人間関係などが大きく影響し潜在化しやすいなどの問題があります。虐待には介護拒否・放任，心理的・情緒的暴力，身体的暴力，金銭的・物理的搾取，性的暴力などがあります。

■虐待の原因として比較的多いのは，介護者の心身の疲労や人間関係の不和であった。 …○

■虐待を思わせるような傷があったので，家族の人間関係について理解を深める。 …○

# 国際障害者年

活(い)きはいい　国際年
❶　　　　　❷

❶ 1981年
❷ 国際障害者年

障害者福祉論

### CHECK WORD

❶ 活きはいい ⇒ 1981

❷ 国際年　⇒ 国際障害者年

「完全参加と平等」をテーマにした国連の国際年で、啓蒙活動を世界的な広がりを持って行うことを目的としました。

### POINT　　　　　　　　　　　　　　　　国際障害者年

　国際障害者年（International Year of Disabled Persons：IYPD）は、ノーマライゼーションの理念を基にし、障害者の社会参加と他の市民との平等の実現に向けた取組みです。世界的な規模で行われたこの活動にあわせ、日本では国際障害者年日本推進協議会（現：日本障害者協議会）が設立されるなど、当事者運動の後押しもしました。また、「完全参加と平等」を進めていくため、「国連障害者の10年（1983～1992）」次いで「アジア太平洋障害者の10年（1993～2002）」が設けられ、2002年には「アジア太平洋障害者の10年」を10年延長（2003～2012）することが決定され、各国における法律の整備、広報・啓発、教育等が進められています。

■ 国連の障害者の権利に関する宣言は、国際障害者年に決議された。 …×
■ 「完全参加と平等」は、1981年の国際障害者年のテーマである。 …○

※国連では、1971年に知的障害者の権利に関する宣言が決議され、1975年に包括的な障害者に関する宣言が採択された。

# ICF（国際生活機能分類）の構成要素

アイム・シェフ！　紳士の　活動　参加
❶　　　　　　　　❷　　　❸　　❹

❶ ICF（国際生活機能分類）
❷ 心身機能・身体構造
❸ 活　動
❹ 参　加

## CHECK WORD

**❶** アイム・シェフ ⇒ ICF（国際生活機能分類）：WHOの国際障害分類（ICIDH）を改定したもので、人間の生活機能の状態をアルファベットと数字を組み合わせて表現することを試みたものです。障害を構造的にとらえるとともに、保健・医療・福祉分野をはじめとしたさまざまな人々の間で「共通言語」としての働きを持つことも期待されています。

**❷** しんしの ⇒ 心身機能・身体構造：心身の機能や身体を解剖学的な観点からとらえたものです。

**❸** 活動 ⇒ 活動：個人が課題や行為を達成すること、行うことです。

**❹** 参加 ⇒ 参加：自らの生活や人生に対する関わりのことです。

## POINT　　ICF

ICFは、ICIDHの改定版として2001年5月に国連総会で採択されたものです。障害を各レベルごとに整理し、各レベル間の関係を示したICIDHの基本的な姿勢、つまり、障害を構造的にみるという点を受け継ぐとともに、ICIDHでは十分ではなかった社会参加の捉え方や環境が障害の形成に与える影響を考慮したものとなっています。

■国際生活機能分類において、生活機能とは、心身機能・身体構造、活動、参加のすべてを含む包括用語として用いられる。　…◯

■世界保健機関（WHO）による国際生活機能分類（ICF）は、疾病と機能障害、能力低下の結果として「社会的不利」が生じるというモデルである。　…✕

※ICFモデルは、生活機能および障害構造に関する各因子がそれぞれ相関的に影響しあう構図を描いたものである。設問文はICIDHのモデルである。

## 044

# 障害者の法定雇用率

一般　企業
❶　　❷

❶ 1.8%
❷ 民間企業

### CHECK WORD

❶ 一般 ⇒1.8%

❷ 企業 ⇒民間企業

障害者雇用促進法（障害者の雇用の促進等に関する法律）では、一般の民間企業に対して、障害者の法定雇用率を1.8%に設定しています。

### POINT　　　　　　　　　　障害者の法定雇用率

　障害者雇用促進法の法定雇用率の算定となる対象は、以前では知的障害者と身体障害者に限られていましたが、2005（平成17）年の法改正により、精神障害者も算定対象とされました。例えば、精神障害者を雇用している場合は、その人数に相当する身体障害者または知的障害者を雇用したものとみなすというものです。しかし、知的障害者と身体障害者が雇用義務の対象とされているのに対し、精神障害者はいまだ雇用義務の対象とされていません。

■知的障害者は、法定雇用率を算定する際の被雇用者数に含まれている。　…〇

## 障害者雇用率制度

不意に 国が 一般 企業へ 仁王のように 怒る教員
❶     ❷    ❸   ❹     ❺          ❻

❶ 2.1%
❷ 国・地方公共団体
❸ 1.8%
❹ 民間企業
❺ 2.0%
❻ 教育委員会

## CHECK WORD

1. 不意に ⇒ 2.1%
2. 国が ⇒ 国・地方公共団体

   国や地方公共団体の障害者法定雇用率 は2.1%です。

3. 一般 ⇒ 1.8%
4. 企業へ ⇒ 民間企業

   一般の民間企業の障害者法定雇用率 は1.8%です。

5. 仁王のように ⇒ 2.0%
6. 怒る教員 ⇒ 教育委員会

   教育委員会の障害者法定雇用率 は2.0%です。

## POINT 障害者雇用率制度

　障害者の雇用について基本となる法律は，障害者雇用促進法（障害者の雇用の促進等に関する法律）です。この法律では，障害者の一定割合の雇用を国や民間企業に義務づける「障害者雇用率制度」が設けられています。法律で定めたこの雇用率は「法定雇用率」と呼ばれ，法定雇用率を達成していない事業主は納付金を払わなければなりません。徴収された納付金は，法定雇用率を上回って障害者を雇用している事業主に対する調整金や報奨金に充てられます。この納付金と報奨金の仕組みを「障害者雇用納付金制度」といいます。「障害者雇用率制度」は，「障害者雇用納付金制度」と対になるものなので，あわせて整理しておきましょう。

■障害者の雇用の促進等に関する法律にもとづいて定められる雇用率は，一般の民間企業については1.8%が適用されている。 …○

## 発達障害の定義

| ア | ジア | 中 | 学 | 校 |
|---|---|---|---|---|
| ❶ | ❷ | ❸ | ❹ | ❺ |

❶ アスペルガー症候群
❷ 自閉症
❸ 注意欠陥多動性障害
❹ 学習障害
❺ 広汎性発達障害

## CHECK WORD

① ア　⇒アスペルガー症候群
② ジア　⇒自閉症
③ ちゅう　⇒注意欠陥多動性障害
④ 学　⇒学習障害
⑤ こう　⇒広汎性発達障害

発達障害者支援法第２条では、発達障害の定義を示しています。それによれば、左の５つの脳機能障害であり、かつ低年齢において症状が発現するものとされています。

## POINT　　　　　　　　　　　　　　　　　　発達障害

　自閉症などの発達障害は、外見からはわかりにくいため、周囲から親のしつけや本人の生活態度にかかわる問題とみなされることが多く、障害についての理解が進んでいない面があります。こうしたことから、発達障害についての特性やこうした障害を持ちながら暮らすことはどのようなことなのかといったことに関して普及・啓発するとともに、それまでは十分な支援策が用意されてこなかったことを改善するために設けられたのが、発達障害者支援法です。

- ■わが国において、発達障害に関する法的定義はない。　…×
- ■発達障害支援法では、発達障害を「自閉症、アスペルガー症候群その他の広汎性発達障害、学習障害、注意欠陥多動性障害その他のこれに類する脳機能の障害であってその症状が通常低年齢において発現するものとして政令で定めるもの」と規定している。　…○

# 047

## 小児慢性特定疾患治療研究事業で対象とする疾患

心 ない 悪い言葉に 傷 心し，結局，退社。個 人で住むなら 江 東区
❶❷ ❸　　　　❹❺　❻　　❼　❽❾　　　　❿⓫

❶ 慢性心疾患
❷ 内分泌疾患
❸ 悪性新生物
❹ 慢性消化器疾患
❺ 神経・筋疾患
❻ 血友病等血液・免疫疾患
❼ 先天性代謝異常
❽ 慢性呼吸器疾患
❾ 慢性腎疾患
❿ 膠原病
⓫ 糖尿病

## CHECK WORD

- ❶ 心　　　　　⇒ 慢性心疾患
- ❷ ない　　　　⇒ 内分泌疾患
- ❸ 悪い言葉に　⇒ 悪性新生物
- ❹ しょう　　　⇒ 慢性消化器疾患
- ❺ しんし　　　⇒ 神経・筋疾患
- ❻ けっ局　　　⇒ 血友病等血液・免疫疾患
- ❼ たいしゃ　　⇒ 先天性代謝異常
- ❽ こ　　　　　⇒ 慢性呼吸器疾患
- ❾ じんで住むなら ⇒ 慢性腎疾患
- ❿ こう　　　　⇒ 膠原病
- ⓫ とう区　　　⇒ 糖尿病

小児慢性特定疾患治療研究事業は，児童福祉法に法的な根拠を置く公費負担医療で，11疾患群が対象とされています。

## POINT　小児慢性特定疾患治療研究事業

小児慢性特定疾患治療研究事業は，都道府県・指定都市を実施主体として，特定の疾患を有する児童に対して給付されるもので，給付率は10割です（所得により費用徴収が生じます）。

■悪性新生物は，小児慢性特定疾患治療研究事業の対象疾患である。　…○

# 児童扶養手当と特別児童扶養手当

母子　扶養　特別　賞
❶　　❷　　❸　　❹

❶ 母子世帯
❷ 児童扶養手当
❸ 特別児童扶養手当
❹ 障害児

## CHECK WORD

❶ 母子　⇒ 母子世帯  
❷ 扶養　⇒ 児童扶養手当  
　　　　　　　　　　　　　「児童扶養手当」は母子世帯に支給されます。

❸ 特別　⇒ 特別児童扶養手当  
　　　　　　　　　　　　　「特別児童扶養手当」は20歳未満の障害児を家庭で養育する父母に支給されます。

❹ しょう ⇒ 障害児

## POINT　　　　　　　　　　　　　　　　　　　児童手当

　先にあげた「児童扶養手当」と「特別児童扶養手当」は，名称が似ているので混乱しないように整理しておきましょう。また，小学校6年生までの児童に支給される「児童手当」というものもあります。

■児童手当の支給要件は，児童福祉法に定められている。　…×

■特別児童扶養手当等の支給に関する法律に規定されている特別障害者とは，20歳以上であって，身体障害者手帳の障害等級が1級の重複障害者である。　…×

※児童手当の支給要件は，児童手当法に定められている。  
※手帳の等級は支給要件ではない。

# ADL（日常生活動作）の指標

アダルトな 食 欲 つけて 出 動
❶　　　　　❷ ❸ ❹　　　❺ ❻

❶ ADLの指標　　❹ 着　衣
❷ 食　事　　　　❺ 排　泄
❸ 入　浴　　　　❻ 移　動

## CHECK WORD

❶ アダルトな ⇒ ADLの指標
❷ 食 ⇒ 食事
❸ よく ⇒ 入浴
❹ つけて ⇒ 着衣
❺ 出 ⇒ 排泄
❻ 動 ⇒ 移動

Activities of Daily Living。起居移動，食事，排泄，更衣などの日常生活動作をADLといいます。テレビ，新聞などの視聴能力，書字は含まれません。

## POINT　ADL（日常生活動作）とは？

人間が毎日の生活を送るうえで必要な基本的な身体動作のことをいいます。基本的な身体動作には，食事，排泄，更衣，整容（身だしなみ），入浴などという日常生活の身の回りの基本動作と移動動作（起居移動＝寝返り，起き上がり，座位，立ち上がり，立位，歩行），その他の生活関連動作（家事動作，交通機関の利用など）があります。ADLはQOL（Quality of Life＝生活の質）の構成要素の主要なものです。

■食事は，ADLに含まれる。　…○
■入浴は，ADLに含まれる。　…○
■書字は，ADLに含まれる。　…×
■着衣は，ADLに含まれる。　…○
■排泄は，ADLに含まれる。　…○

## 050

# IADL（手段的日常生活動作）

ハイ！エディ　おカネさんの　家事　通信
❶　　　　　　❷　　　　　　❸　　❹

❶ IADL（手段的日常生活動作）
❷ 金銭管理
❸ 家　事
❹ 通　信

## CHECK WORD

1. <u>ハイ！エディ</u> ⇒ <u>IADL（手段的日常生活動作）</u>：家庭生活や社会生活を営むうえで必要とされる生活動作をさします。
2. お<u>カネ</u>さんの ⇒ <u>金銭管理</u>：さまざまなサービスや品物を購入する際の支払いや，銀行への預け入れなどの金銭管理です。
3. <u>家事</u> ⇒ <u>家事</u>：調理・洗濯・掃除などです。
4. <u>通信</u> ⇒ <u>通信</u>：電話・FAX などを使用することです。

## POINT ・・・・・・・・・・・・・・・・・・ IADL

　IADL とは，Instrumental Activities of Daily Living の略で，手段的日常生活動作と訳されます。基本的な動作能力を示した ADL（日常生活動作）ではとらえられなかった社会生活にまつわる動作を対象とした点に特徴があります。

■ IADL には，掃除が含まれる。　　　　　　　　　　…○
■ IADL には，金銭の管理が含まれる。　　　　　　　…○
■ IADL には，交通機関の利用が含まれる。　　　　　…○
■ IADL には，入浴が含まれる。　　　　　　　　　　…×
■ IADL には，薬の管理が含まれる。　　　　　　　　…○

※入浴は ADL に含まれる。

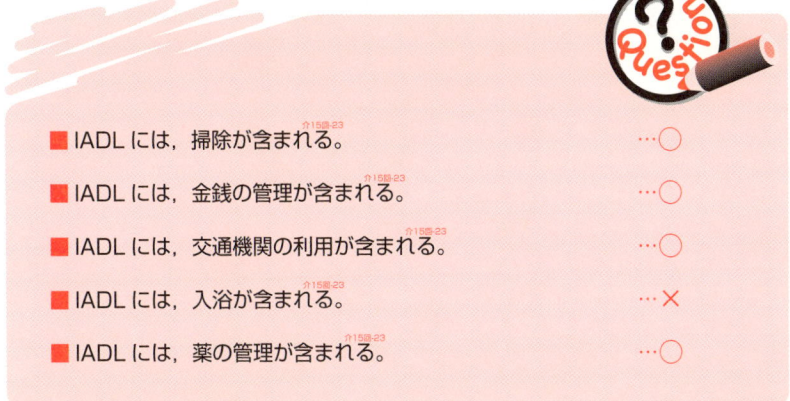

# 廃用症候群の主な症候

ハイヨー 女 傑が 攻 勢
❶　　　 ❷ ❸　 ❹ ❺

❶ 廃用症候群
❷ 褥瘡
❸ 血栓症
❹ 拘縮
❺ 精神活動低下

## CHECK WORD

❶ ハイヨー ⇒ 廃用症候群 ：長期間寝たきりの状態であったりする場合に，心身を動かさない，使わないことにより生じる機能低下のことです。

❷ じょ ⇒ 褥瘡：長時間，同じ姿勢をとり続けることにより皮膚にただれが生じることです。

❸ けつが ⇒ 血栓症：血管内に血の固まり（血栓）ができてしまい，血管を詰まらせ，血流を止めてしまうことです。また，別の場所でできた血の固まりが他の場所で血管を詰まらせてしまうことを塞栓症といいます。

❹ こう ⇒ 拘縮：上肢や下肢を部分的に使わないことで，関節が動かしにくくなることです。

❺ せい ⇒ 精神活動低下：精神活動が行われないことで，抑うつや不眠を引き起こすこともあります。

## POINT　　　　　　　　　　　　　　　　　廃用症候群

長期間の安静状態や，身体を部分的に使わない状態が続いたことにより生じる機能低下の総称です。先にあげた症状の他に，筋委縮，骨委縮，起立性低血圧，尿路結石などがあります。

■廃用症候群のひとつとして拘縮がある。　　　　　　　…○

■廃用症候群のひとつとして褥瘡がある。　　　　　　　…○

■廃用症候群のひとつとして無尿がある。　　　　　　　…×

■廃用症候群のひとつとして深部静脈血栓症がある。　　…○

■廃用症候群のひとつとして精神活動低下がある。　　　…○

■廃用症候群のひとつとして消化管出血がある。　　　　…×

# ミルフォード会議

特に苦もなく　ケース　見る
❶　　　　　　　❷　　　❸

❶ 1929年
❷ ソーシャル・ケースワーク
❸ ミルフォード会議

### CHECK WORD

1. 特に苦もなく ⇒ 1929
2. ケース ⇒ ソーシャル・ケースワーク
3. みる ⇒ ミルフォード会議

1929年にミルフォード会議によりまとめられた報告書が出されました。

### POINT　　　　　　　　　　　ミルフォード会議

　ミルフォード会議とはアメリカ・ミルフォードにおいて1923年から1928年にかけて開催されたもので，ケースワークの6つの全国組織が集まり討議が重ねられ，1929年に報告書が出されました。この会議の目的は，ケースワークが専門分化していく中でその共通基盤を見出すことにありました。

■北米におけるソーシャルワークの統合化への先駆けとなったのは，ミルフォード会議の報告書において，「スペシフィック」という概念が示されたことである。　…×

※統合化につながる概念は「ジェネリック」。

## 053

# スーパービジョンの機能

スーパー 管理 教 師
❶     ❷   ❸  ❹

❶ スーパービジョン
❷ 管理的機能
❸ 教育的機能
❹ 支持的機能

### CHECK WORD

❶ スーパー ⇒ スーパービジョン：ソーシャルワーカーの養成や技量向上のために行われるもので，援助の現場での援助者の振る舞いや経験を題材とします。

❷ 管理 ⇒ 管理的機能：ソーシャルワーカーが機関の機能と合致した役割を果たしているか，過重なケース数を抱えていないか，といった点を管理・監督する機能です。

❸ 教 ⇒ 教育的機能：援助に関する知識や技法，基本的態度について，指摘や解釈を通じて教育することです。

❹ し ⇒ 支持的機能：スーパービジョンの受け手が課題や困難を抱えつつも，何とか乗り越えていくために心理的にサポートをすることです。

### POINT　スーパーバイジーとスーパーバイザー

指導・訓練を受ける側をスーパーバイジー，指導を行う側をスーパーバイザーと呼びます。スーパービジョンも，援助と同様に，スーパーバイジーとスーパーバイザーとの関係を通じて展開されます。

■スーパービジョンには，管理的機能のほか，教育的機能，支持的機能がある。　…○

■スーパービジョンは，援助者として実際にかかわっている事例について，その過程などを検討することで，援助者の自己覚知を促す。　…○

## 054

# 援助技術の展開過程

焦って　計画　実施　も　また焦って　おしまい
❶　　　　❷　　　❸　　❹　　❺　　　　　❻

❶ アセスメント
❷ 援助計画の作成
❸ 援助計画の実施
❹ モニタリング
❺ 再アセスメント
❻ 終　結

## CHECK WORD

**❶ あせって** ⇒ <u>アセスメント</u>：クライエントの性格や特徴，歴史，抱える問題，クライエントを取り巻く環境（家族・会社・地域社会）について情報を集め，まとめることです。

**❷ 計画** ⇒ <u>援助計画の作成</u>：合理的な援助活動を行い，援助における目標を設定するもので，援助の進行や達成状況を測る目安ともなります。

**❸ 実施** ⇒ <u>援助計画の実施</u>：実際に援助を行う段階です。

**❹ も** ⇒ <u>モニタリング</u>：適切な援助が行われているか否か，援助計画や実際の援助を点検するものです。

**❺ またあせって** ⇒ <u>再アセスメント</u>：短期的な目標の達成や新たな課題が生じた場合，再度アセスメントを行います。

**❻ おしまい** ⇒ <u>終結</u>：設定した目標が達成された場合，援助は終結されます。

援助技術の展開過程（演習を含む）

## POINT　援助の展開過程

　先にあげた展開過程はおおむね社会福祉援助に共通するものですが，アセスメントや援助計画の実施といった段階が，明確に区分され段階的に行われているわけではありません。この展開過程はある程度の流れを示しますが，実際は終結を除く各段階がらせんを描くようにして援助が展開されています。これらは援助のさまざまな活動の側面を表現しているといった方がよいかもしれません。

■アセスメントは，適切な援助計画を作成するために行う。 …○

■モニタリングとは，プランニングで設定した課題の達成状況について継続的な見直しを行い，必要ならば新たなアセスメントにつなげることである。 …○

## 直接援助技術

グレープを　ケースで　直接購入
❶　　　　　❷　　　　❸

❶ (ソーシャル) グループワーク
❷ (ソーシャル) ケースワーク
❸ 直接援助技術

## CHECK WORD

❶ グループを ⇒ （ソーシャル）グループワーク：小集団（グループ）の特性を活かして援助を行う方法で、プログラム活動、メンバー間の相互作用、ソーシャルワーク関係、環境の整備・創造、社会資源を援助の媒体とします。「集団援助技術」とも呼ばれます。

❷ ケースで ⇒ （ソーシャル）ケースワーク：個人に対して援助を行う方法です。「個別援助技術」とも呼ばれます。

❸ 直接購入 ⇒ 直接援助技術：個別援助技術（ケースワーク）と集団援助技術（グループワーク）があります。

## POINT　　　　　　　　　　　　　　　　　　　　直接援助技術

生活において課題や問題を抱える個人・家族・グループに対して、援助者が直接かかわり援助を行う方法です。

■直接援助技術とは、個別援助技術（ケースワーク）、集団援助技術（グループワーク）、地域援助技術（コミュニティワーク）の3種類で構成される。　…×

※地域援助技術（コミュニティワーク）は間接援助技術である。

## 間接援助技術

アクション 小宮山の「感動！ 油（あ ぶら）調査」
❶ ❷ ❸ ❹ ❺ ❻

❶ ソーシャル・アクション（社会活動法）
❷ コミュニティワーク（地域援助技術）
❸ 間接援助技術
❹ ソーシャル・アドミニストレーション（社会福祉運営管理）
❺ ソーシャル・プランニング（社会福祉計画法）
❻ ソーシャルワーク・リサーチ（社会福祉調査法）

## CHECK WORD

❶ <u>アクション</u> ⇒ ソーシャル・アクション（社会活動法）：問題を抱える当事者や地域住民，福祉関係者などが協力して，制度の改善や創設を促すために，組織や行政，社会に働きかけていく組織的な活動のことです。「社会活動法」と訳されます。

❷ <u>こみ山の</u> ⇒ コミュニティワーク（地域援助技術）：地域社会において，地域の生活課題を地域住民が主体となって行政や関係機関と協力して解決していくことを支援します。

❸ <u>かん動</u> ⇒ 間接援助技術：社会福祉の援助やサービス，制度が有効に働くように行う環境を整備する技術です。

❹ <u>あ</u> ⇒ ソーシャル・アドミニストレーション（社会福祉運営管理）：社会福祉の援助を行う施設や機関における運営技術のことです。ニーズの分析や政策の選択・形成から経理・職員配置・効率的な組織運営なども含まれます。

❺ <u>ぶら</u> ⇒ ソーシャル・プランニング（社会福祉計画法）：個々人の望ましい生活のために計画を立てる技術のことです。

❻ <u>調査</u> ⇒ ソーシャルワーク・リサーチ（社会福祉調査法）：社会福祉の課題やニーズを調べるための調査に関連する技術のことです。

## POINT　　　　　　　　　　　　　　　間接援助技術

社会福祉の援助や施策が有効に機能することを側面から支援する技術のことです。

■社会福祉援助技術には，直接援助技術と間接援助技術のほかに，社会福祉調査法や社会福祉運営管理といった関連援助技術がある。　…×

※社会福祉調査法（ソーシャルワーク・リサーチ）と社会福祉運営管理（ソーシャル・アドミニストレーション）は，間接援助技術である。

## 057

## 関連援助技術

レン　コン　買うなら　スーパー　「キャ　ット」
❶　　❷　　❸　　　　❹　　　　❺　　❻

❶ 関連援助技術
❷ コンサルテーション
❸ カウンセリング
❹ スーパービジョン
❺ ケアマネジメント
❻ ネットワーク

## CHECK WORD

① レン ⇒ 関連援助技術：直接援助技術や間接援助技術に有用である他分野の技術や対人援助の専門職に必要とされる技術のことです。

② コン ⇒ コンサルテーション：ソーシャルワーカーなど社会福祉に携わる人が、社会福祉に関連する領域（医学・精神医学・臨床心理・法学・建築など）の専門家から、意見や助言、情報の提供を受けるものです。

③ かうなら ⇒ カウンセリング：個人の内面や家族・小グループにおける成員間の相互作用に焦点をあて、行動の変容や適応を目的とする対人援助技術です。

④ スーパー ⇒ スーパービジョン：実践を教材として行われる教育方法のことです。

⑤ キャ ⇒ ケアマネジメント：さまざまなサービスを必要とする人に対して、地域に散らばっているサービスを効果的に組み合わせ、援助網を形成する技術のことです。

⑥ ット ⇒ ネットワーク：個人・家族・団体・組織をつなぎ合わせる技術のことです。ケアマネジメントが、個人に焦点をあて、生活をしていくうえで急ぎ必要となるサービスをつなぎ合わせるといった性格を持つのに対して、ネットワークは、どちらかといえば、地域社会全体で生活に困難を抱える人を支援していくためネットを編んでいくといった具合に支援環境の整備の色合いが強くなります。

社会福祉援助技術（演習を含む）

## POINT　関連援助技術

社会福祉の援助者は人に対して援助を行う専門家です。これを整理すると、社会福祉の援助者とは①対人援助を生業とし、かつ②専門職であるということになります。しかし、対人援助を生業とする専門職ならば、医師や看護師、臨床心理士、弁護士など他にもたくさんあります。では、これらの専門職とどこが違うのでしょう。それは端的にいえば、よって立つ技術が違うのです。直接援助技術や間接援助技術が他の対人援助の専門職との違いをあらわすのに対し、関連援助技術は対人援助の専門職にとって共通して必要となる技術であるともいえます。

■関連援助技術について、コンサルテーションとは、施設の運営管理のことである。　…×

※コンサルテーションとは、福祉専門職がその援助課程のプロセスで異なる専門分野の関係者から指導・助言を求めることである。

# 058

# ソーシャルワークの基本的な機能

そう，昨日，会　長　代理を　教育
　❶　　　　　❷　❸　❹　　　❺

❶ ソーシャルワークの機能
❷ 開発的機能
❸ 調整的機能
❹ 代弁的機能
❺ 教育的機能

## CHECK WORD

**❶ そう，きのう** ⇒ ソーシャルワークの機能：ソーシャルワークの機能については，ピンカスやミナハン（Pincus, A & Minahan, A）やジャーメイン（Germain, C）ら，またヘプワース（Hepworth, D. H.）らなど，さまざまな論者によりまとめられています。ここでは，これらに共通してみられる基本的機能を以下の文献にしたがい抜き出しました。（基礎からの社会福祉編集委員会編『シリーズ・基礎からの社会福祉2　社会福祉援助技術論』山辺朗子「ソーシャルワークの役割と機能」ミネルヴァ書房，2005，208～217頁）

**❷ かい** ⇒ 開発的機能：社会や地域にニーズを充たす社会資源が不足している場合，行政や地域，社会に働きかけて社会資源を開発していくことです。

**❸ ちょう** ⇒ 調整的機能：クライエントと家族，クライエントと社会資源，クライエントと社会などの関係を調整することです。この機能は，リッチモンドの頃より重視されているもので，ソーシャルワークの代表的な機能ともいえます。

**❹ 代理を** ⇒ 代弁的機能：クライエントや特定の集団が意見や利益を主張することを支援するとともに，十分に主張できないクライエントなどに対して代弁し，権利を擁護することです。

**❺ 教育** ⇒ 教育的機能：クライエントとのやり取りを通して，クライエントの課題への対処や生きるうえでの能力の向上や人格の成長を促すものです。

## POINT　　ソーシャルワークの機能の2類型

先にあげたソーシャルワークの基本的な機能は，大きく2つにわけられます。ひとつは，クライエントそのものに働きかける機能で，教育的機能がこれにあたります。ふたつ目は，クライエントを取り巻く環境に働きかける機能で，調整的機能，開発的機能，代弁的機能が相当します。

- ■ソーシャルワークでは，社会福祉制度の目的，サービス内容，援助方法を的確に理解し，人々が自らの問題に立ち向かえるような援助を展開する。　…○
- ■ソーシャルワークでは，人々が自らの意思を明確にして問題解決の能力を高めるように動機づける。　…○
- ■ソーシャルワークでは，人々の安定した生活の実現に向けて彼らの無意識の領域にある葛藤を分析し，治療する。　…×

※治療等は精神分析医の役割。

# 059

# バイステックの7原則

首都 東京と7つの秘密 媚びず 裁かず 縦横に決めろ
❶   ❷   ❸   ❹   ❺   ❻   ❼   ❽

❶意図的な感情表出
❷統御された情緒的関与
❸ バイステックの7原則
❹秘密保持
❺個別化

❻非審判的態度
❼受　容
❽クライエントの自己決定

## CHECK WORD

❶ <u>しゅと</u> ⇒ <u>意図的な感情表出</u>（クライエントの感情表現を大切にする）

❷ <u>とうきょうと</u> ⇒ <u>統御された情緒的関与</u>（援助者は自分の感情を自覚して吟味する）

❸ <u>7つの</u> ⇒ バイステックの7原則

❹ <u>秘密</u> ⇒ <u>秘密保持</u>（秘密を保持して信頼感を醸成する）

❺ <u>こびず</u> ⇒ <u>個別化</u>（クライエントを個人として捉える）

❻ <u>裁かず</u> ⇒ <u>非審判的態度</u>（クライエントを一方的に非難しない）

❼ <u>じゅうおうに</u> ⇒ <u>受容</u>（受けとめる）

❽ <u>決めろ</u> ⇒ <u>クライエントの自己決定</u>（クライエントの自己決定を促して尊重する）

＊括弧内は新訳（F・P・バイステック『ケースワークの原則～援助関係を形成する技法』尾崎新・福田俊子・原田和幸訳，誠信書房，1996）によるものです。

## POINT　　　　　　　　　　　　　バイステックの7原則

　すべての援助は，援助者とクライエントとの間に形成される援助関係を経路として行われます。裏を返せば，援助関係は，個人の興味や関心に基づき形成されるものではなく，援助という目的のために形成されるということになります。バイステック（Biestek, F）の7原則は，援助を行ううえで必ず必要とされるこの援助関係について，その形成の技法についてまとめられたものです。

■秘密保持の原則は，バイステックの7つの原則のうちのひとつである。　…○

■個別化の原則は，バイステックの7つの原則のうちのひとつである。　…○

■受容の原則は，バイステックの7つの原則のうちのひとつである。　…○

■クライエントとの協働の原則は，バイステックの7つの原則のうちのひとつである。　…×

■意図的な感情表出の原則は，バイステックの7つの原則のうちのひとつである。　…○

## 060

## 自己覚知

各地で　水から　くせ者　価値を　勘定
❶　　　　❷　　　　❸　　　❹　　　　❺

❶ 自己覚知
❷ 援助者自身
❸ 癖・傾向
❹ 価値観
❺ 感　情

## CHECK WORD

**❶ かくちで** ⇒ 自己覚知：援助者が自らの傾向や特性を意識化し、洞察を深めることです。援助が援助者自身を活用して行うものであることから、援助を成立させるために必要な作業と考えられています。

**❷ みずから** ⇒ 援助者自身：自己覚知は、援助者が自らに働きかけるものです。クライエントが自らの傾向や癖に気づくことをさすものではありません。

**❸ くせ者** ⇒ 癖・傾向：援助者の行動様式、考え方の傾向、苦手とする人・場面、好意を持ちやすい人など、人やある状況と接した時のふるまい方も自己覚知の対象となります。

**❹ 価値を** ⇒ 価値観：価値観は判断や行動の指針となり、好き嫌いの内容にも影響を与えます。援助者が自らの価値観に無自覚でいると、クライエントに対する好悪や偏見などに振り回され、援助が成り立たなくなる恐れがあります。

**❺ かんじょう** ⇒ 感情：援助者は援助場面においてさまざまな感情を経験します。それはクライエントに対してであったり、援助者自身に対してであったり、時にはクライエントを取り巻く環境に対するものであったりするのですが、嬉しい、楽しい、誇らしいといった心地よい感情（肯定的感情ともいいます）もあれば、怒り、悲しみ、恐れといった不愉快な感情（否定的感情ともいいます）もあります。援助者が自らの感情に無自覚でいると、援助の方向を見失わせる危険があります。

## POINT　自己覚知のさまざまな側面

　自己覚知とは、単に援助者が自分の傾向や癖を知るだけにとどまらず、援助場面での自らの行動や思考が専門的援助者の振る舞いにかなっているかどうかという点も含みます。これは援助者が持つ社会福祉観、援助観、援助者観について自らが洞察を深めていくことです。こうしたことから、自己覚知の持つ側面として、「個人的自己覚知」と「専門職業的自己覚知」の2つがあげられています。

■援助者が利用者を理解するためには、援助者自身の自己覚知が前提となる。　…○

■自己覚知とは、利利者が置かれている状況を、本人に理解させることである。　…×

■自己覚知とは、援助者のものの見方や考え方について、自ら理解することである。　…○

■援助者の個人的な見方や考え方が、利用者をありのままに理解することを妨げる場合もある。　…○

# グループワークの援助媒体

プロの　そう　めん関係者が　グループを　監　視
❶　　　❷　　　❸　　　　　　❹　　　　　❺　　❻

❶ プログラム活動
❷ ソーシャルワーク関係
❸ メンバー間の相互作用
❹ グループワークの援助媒体
❺ 環境の意図的な選択と創造
❻ 社会資源

## CHECK WORD

❶ <u>プロ</u>の ⇒ <u>プログラム活動</u>：プログラムを援助媒体として用いることはグループワークの大きな特徴です。メンバーの年齢や心身の状態といった特性や，興味・関心，活動における能力，グループワークの目的などを考慮して計画が立てられます。

❷ <u>そう</u> ⇒ <u>ソーシャルワーク関係</u>：メンバーとグループワーカーとの間に形成される援助関係のことです。

❸ <u>めん関係者が</u> ⇒ <u>メンバー間の相互作用</u>：メンバー同士の相互作用をさします。

❹ <u>グループを</u> ⇒ グループワークの援助媒体 ：援助媒体とは，援助の通路となるもの，あるいは援助の道具となるものです。

❺ <u>かん</u> ⇒ <u>環境の意図的な選択と創造</u>：プログラム活動に合った場所・環境を選択することです。たとえば，野球をするので屋内の狭い場所ではなくグラウンドを選択するということです。

❻ <u>し</u> ⇒ <u>社会資源</u>：グループワークの目的を達成するうえで役に立つさまざまな社会資源のことです。

## POINT プログラム活動のいろいろ

グループワークの特徴のひとつとしてプログラム活動があげられることは先にも触れましたが，このプログラム活動にもさまざまなものがあります。大きくわければ，言葉でのやり取りを中心とする話し合いや討論といった言語を中心とする活動と，スポーツや協同して作業を行う野外活動など非言語的なやり取りを中心とする活動の2つがあります。

- ■ソーシャルワーク関係は，グループワークの援助媒体のひとつである。 …◯
- ■メンバーの相互作用は，グループワークの援助媒体のひとつである。 …◯
- ■プログラム活動は，グループワークの援助媒体のひとつである。 …◯
- ■スーパービジョンは，グループワークの援助媒体のひとつである。 …✕

※スーパービジョンは援助者に対する援助であり，間接的な援助技術である。

## 062

# コミュニティワークの目標

リレー　たすき　PRO　小宮山モデル
❶　　　❷　　　❸　　❹

❶ リレーションシップ・ゴール
❷ タスク・ゴール
❸ プロセス・ゴール
❹ コミュニティワーク

## CHECK WORD

**❶ リレー** ⇒ リレーションシップ・ゴール：地域社会での住民同士の人間関係や団体間の関係，また住民と団体の関係とその構造に変化をもたらすことで，社会福祉を取り巻く状況を変え，社会福祉への参加や協力を得られやすくするとともに，最終的には住民自治の促進を目標とするものです。

**❷ たすき** ⇒ タスク・ゴール：設定した課題の達成を目標とするものです。

**❸ PRO** ⇒ プロセス・ゴール：コミュニティワークの実施において，地域住民や生活課題を抱える人々の参加を得ることで，地域住民の主体形成や問題の発見や理解を深めることを目標とするものです。実施過程の在り方について焦点をあてたものです。

**❹ こみ山モデル** ⇒ コミュニティワーク：間接援助技術に位置づけられるもので，「地域援助技術」とも呼ばれます。地域社会において，その地域の歴史や文化を視野に入れながら，地域の生活課題を地域住民が行政や関係機関と協力して解決していくことを支援します。

## POINT　　　　　　　　　　　　　　　　　　　　地域診断

コミュニティワークの援助過程も他の援助技術と同じように，アセスメント - 援助計画の作成 - 計画の実施 - モニタリング - 再アセスメント - 終結となりますが，コミュニティワークではアセスメントを「地域診断」ということもあります。

■コミュニティワークは，地域における福祉ニーズを明らかにし，関係機関が連携してその改善に取り組むことである。 …○

■コミュニティワークでは，地域住民の福祉活動への参加を促進する。 …○

■コミュニティワークは，社会福祉サービスを効果的，効率的に運営管理する方法である。 …×

※社会福祉サービスの運営・管理は，社会福祉運営管理が対象とする。

## マッピング

栄子が 上京 じいの 家族を マップで確認
❶   ❷   ❸   ❹   ❺

❶ エコマップ
❷ 状　況
❸ ジェノグラム
❹ 家　族
❺ マッピング

## CHECK WORD

❶ <u>えーこが</u> ⇒ エコマップ：クライエントと周囲の環境との関係を記号や線で図示するものです。環境とは，地域の人や知人・友人，勤め先の人，また，さまざまなサービスを提供する社会資源なども含まれます。

❷ <u>じょうきょう</u> ⇒ 状況：エコマップは，複雑な状況を整理するうえで有効な技法とされています。

❸ <u>じいの</u> ⇒ ジェノグラム：ジェノグラムは家系図のようなもので，家族をはじめ親族も書き込まれます。家族成員の年齢・性別・誕生・死亡・結婚・離婚・別居・病気・事故などもあわせて記します。

❹ <u>家族を</u> ⇒ 家族：ジェノグラムは，先の通り家族の見取り図をあらわすものです。

❺ <u>マップで確認</u> ⇒ マッピング：マッピングとは，線や記号を用いて状況を図式化し，視覚的にとらえやすくしたものです。複雑な状況でも把握しやすくなる利点があるといわれています。

## POINT　　　　　　　　　　マッピングとアセスメント

マッピングは，状況の把握や問題の生起に関係のある事柄を調べるため，アセスメントなどで用いられます。複雑な状況をわかりやすく表現できる反面，細かな情報をすくいあげることには向いておらず，文字による記録とあわせることで情報が豊かになります。さまざまな技法にはそれぞれ一長一短があり，こうした短所を補う技法と組み合わせることで援助の幅が広がります。

- ■利用者を取り巻く人間関係や組織，機関との関係性を視覚的に把握・理解する方法としてエコマップを作成する。　…○
- ■高齢者の家族支援では，高齢者とその家族を取り巻く社会的環境との交互作用を把握するためのアセスメント資料としてジェノグラムを活用する。　…×
- ■アセスメントで用いられるエコマップやジェノグラムは，利用者の置かれている状況を視覚化し，文章による説明を補う機能を持っている。　…○

※設問文はエコマップのこと。

# 社会福祉調査法（質問紙法の種類）

質問は 「俳 優だよ 全員集合」 電話 コント係まで
❶　　　❷ ❸　　　　❹　　　❺　　❻

❶ 質問紙法
❷ 配票調査
❸ 郵送調査
❹ 集合調査
❺ 電話調査
❻ 個別面接調査

## CHECK WORD

**❶ 質問は** ⇒ 質問紙法：データを集める際にとられる実際の方法のひとつで，あらかじめ質問紙（調査票）をつくっておいて，それに基づき調査の対象者から回答を得た後，データを回収するものです。質問紙法には以下に示すとおり①配票調査，②郵送調査，③集合調査，④電話調査，⑤個別面接調査の5つがあります。

**❷ はい** ⇒ 配票調査：調査の対象者に調査票を配り，回答を記入してもらった後，回収する方法です。費用がかからず，一度に多くの人に対して調査できますが，本人が実際に回答しているか確認できずデータが正確でない可能性もあるという短所があります。

**❸ ゆうだよ** ⇒ 郵送調査：郵便で調査票を送り，回答を記入してもらった後，返送してもらう方法です。調査の対象者が遠くに住んでいる場合に重宝しますが，配票調査と同じく本人が回答しているか確認できないという短所があります。また，回収率が30％程度と低いことも短所にあげられます。

**❹ 全員集合** ⇒ 集合調査：調査の対象者に集まってもらい，調査票を配り，その場で回答を記入してもらい回収する方法です。時間や費用がかからず，本人が回答していることが確認できますが，回答が周囲の人の影響を受けやすいことや複数の会場で実施する場合には調査の説明や条件を同じにするなど，いくつかの留意点があります。

**❺ 電話** ⇒ 電話調査：調査の対象者に電話をかけて質問をし，その回答を調査員が調査票に記入する方法です。データをすぐに集めやすいのですが，比較的短い時間しか調査できないことや電話が切られてしまうという短所もあります。

**❻ コント係まで** ⇒ 個別面接調査：自宅などに訪問し，調査員が質問を読み上げ，それに回答してもらう方法です。もっとも短所の少ない調査方法とされますが，調査員の人件費を用意しなければならないため費用がかかることもあります。

## POINT　　　　　　　　　　　　　自記式と他記式

　質問紙法には先にあげた5つの方法がありますが，このうち「俳優だよ，全員集合」の配票調査・郵送調査・集合調査は調査の対象者が自ら調査票に記入するものであることから自記式（自計式），「電話コント係まで」の電話調査・個別面接調査は調査員が調査票に記入することから他記式（他計式）と呼ばれます。これは，調査票の記入の主体が調査の対象者か否かで分類するものです。

- ■郵送調査は，調査対象者から質問紙を回収することが容易なので，一般的には他の調査方法に比べ回収率が高い。　…✕
- ■集合調査は，調査対象者に対する調査の説明や条件を一定にしなければ，回答結果にゆがみが生じてしまう可能性がある。　…◯
- ■個別面接調査は，調査対象者の応答を確実に捉えることができる。　…◯

## 065

# 社会福祉調査法（標本調査）

<u>茂作</u> <u>ランダムに</u> <u>意志</u> <u>ある</u> <u>チュー</u>
❶　　❷　　　　　❸　　❹　　❺

❶ 無作為抽出法
❷ 無作為
❸ 意図・恣意的
❹ 有意抽出法
❺ 標本抽出

## CHECK WORD

❶ も作 ⇒ 無作為抽出法 ⎫
❷ ランダムに ⇒ 無作為 ⎬ 母集団からサンプル（標本）を選び出す方法のひとつで、ランダムに選ぶものです。母集団を構成するひとつひとつにくじをつくり、それらを集めてくじ引きをするような具合です。

❸ 意志 ⇒ 意図・恣意的 ⎫
⎬ 有意抽出法は、母集団を代表すると調査員が思うサンプルを選び出す方法。サンプルを選び出す手間は少ないが、サンプルが母集団を代表しているかどうか確認できず、母集団の持つ特質を正確に反映していないという恐れがあります。

❹ ある ⇒ 有意抽出法 ⎭
❺ チュー ⇒ 標本抽出：母集団からサンプル（標本）を選び出すことです。

## POINT　　　　　　　　　国家試験と社会福祉調査法

　社会福祉調査法を苦手とする人は少なくないようですが、国家試験での出題をみると基本的な事柄について問うものがほとんどなのです。つまり、調査の基本的な考え方、方法について押さえておけば確実な得点源になるということです。国家試験の調査法では難しそうな言葉が並びますが、落ち着いてよく読めば大丈夫です。たとえば、「無作為抽出法」が出題され、その内容が問われたとしても、「無作為」なのですから、「調査者の意図や恣意によりサンプルが選ばれる」といった記述であれば、特に「無作為抽出法」について知らなくても、正答が出せます。選択肢文の中に答えが用意されているようなものです。

■標本調査は、母集団からその一部を抽出して調査を行い、その標本の特性値から母集団の特性値を推定しようとする方法である。　…○

■無作為抽出法は、調査者が母集団を代表すると思われる標本を恣意的に選び出し、標本を母集団に近似させる方法である。　…×

■無作為抽出による標本調査を行う場合、調査対象のリストは必要ない。　…×

# レクリエーションの3領域

8日（ようか）は 貴 社で レクリエーション
　①　　　　　②　③　　④

① 余暇生活
② 基礎生活
③ 社会生活
④ レクリエーション

## CHECK WORD

❶ <u>よう</u>かは ⇒ 余暇生活：基礎生活や社会生活にあてられる以外の時間，つまり，自分の自由にできる時間で自分の好きなことを行うことです。いわゆる，趣味やレジャーなどです。

❷ <u>き</u> ⇒ 基礎生活：食事・排泄・入浴・睡眠など心身を維持していくために最低限必要となる行為のことです。基礎生活におけるレクリエーションとは，好きな洋服を着たり，楽しく食事をしたりといったことです。

❸ <u>社</u>で ⇒ 社会生活：他の人や組織・団体などと関わる行為です。仕事・学校・通勤・通学などです。

❹ <u>レクリエーション</u> ⇒ レクリエーション

## POINT　　　　　　　　　　　　　　3領域の生活と欲求

日常生活は基礎生活・社会生活・余暇生活の3つからなるといわれています。これらの生活は，マズローの欲求階層でいわれているような基本的欲求を充たすものとされています。基礎生活は生理的欲求と安全欲求を充たし，社会生活では親和欲求と尊厳欲求を，そして余暇生活では自己実現欲求を充たす生活とされています。

■レクリエーションとは楽しいことであり，参加者の心身と生活の活性化のための活動となるので大切である。　…○

■レクリエーション活動は，施設の年間行事として行えば十分である。　…×

■レクリエーションは，楽しいという感情をベースに，身体的・精神的・社会的なコンディショニングを図ることを内包しており，リハビリテーション分野でも利用できる。　…○

# レクリエーション活動の4要素

レフリー 地 上で 写 真
❶　　　　❷　❸　　❹　❺

❶ レクリエーション
❷ 知的要素
❸ 情緒的要素
❹ 社会的要素
❺ 身体的要素

## CHECK WORD

- ❶ レフリー ⇒ レクリエーション
- ❷ ち ⇒ 知的要素：理解や判断，記憶にかかわるものです。
- ❸ じょうで ⇒ 情緒的要素：活動を通して喚起される感情のことです。
- ❹ しゃ ⇒ 社会的要素：人と人との相互作用のことです。
- ❺ しん ⇒ 身体的要素：活動における身体の動きのことです。

## POINT　　　レクリエーション活動と4要素

先にあげた4つの要素は，特にレクリエーションに固有の要素というわけではありません。さまざまな活動は，この4つの要素からなり，各要素の詳細やどの要素に重きが置かれているかなどといったことをみて，その活動の特質を捉えることができます。レクリエーション活動を行う際は，この4要素のうち，極端に特定の要素に偏っていないかを確認することが必要です。

- ■レクリエーション活動では，ひとつひとつの活動を身体的，知的，社会的，情緒的という4つの側面から分析する。 …○
- ■レクリエーション活動の情緒的側面の分析では，否定的な感情より肯定的な感情の方を重視する。 …×
- ■レクリエーション活動を通じて，利用者が自分の生活の質を高められるように援助する。 …○

※否定的肯定的感情を含めて分析する。

# アベドンの社会的相互作用（その1）

飛行中は 一人じゃ ない 外交は グループ外交で
❶　　　　❷　　　　❸　　❹　　　❺

❶ 非人間交流群
❷ 個人行動
❸ 内方的個人行動
❹ 外方的個人行動
❺ グループ内における外方的個人行動

## CHECK WORD

❶ 飛行中は ⇒非人間交流群：アベドン（Avedon,E.M.）は，社会的相互作用の段階を8つにまとめ，そのうち，①内方的個人行動，②外方的個人行動，③グループ内における外方的個人行動を人間交流群と区別して，非人間交流群としました。

❷ 一人じゃ ⇒個人行動：非人間交流群では人間交流や他人への関わりがみられません。

❸ ない ⇒内方的個人行動：空想や物思いにふけっている状態です。

❹ 外こうは ⇒外方的個人行動：陶芸・絵画・編み物・読書など自分の外にあるものに働きかける行動です。しかし，他人との交流はありません。

❺ グループ外こうで ⇒グループ内における外方的個人行動：外方的個人行動をしている人によりグループができていますが，人間交流はありません。ロビーで数人がテレビをみていたり，スポーツ観戦などがこれにあたります。

## POINT　　セラピュティック・レクリエーションのプログラム計画

アベドンの社会的相互作用の段階は，セラピュティック・レクリエーション（身体・精神・知的・社会的に制約を受けている人に対してレクリエーションの自立を目的に行われる）のプログラムの計画時に参考とされることが多いようです。

■レクリエーション活動で，心身に障害のある高齢者に対しては，その人の状況を把握し，心身の活性化を意図したコミュニケーションをとることから始めるような計画を立てるとよい。　…〇

レクリエーション活動援助法

# アベドンの社会的相互作用（その２）

凍る　タイマン　ブルって一人　ダメじゃ　ない　闘争心だ
❶　　❷　　　　❸　　　　　　❹　　　　❺　　　❻

❶ 人間交流群
❷ １対１の競争
❸ グループ内対１人競争
❹ グループ内多面的競争
❺ 内方的グループ行動
❻ グループ間競争

## CHECK WORD

❶ こおる ⇒ 人間交流群：アベドン（Avedon,E.M.）は，社会的相互作用の段階を8つにまとめ，そのうち，④1対1の競争，⑤グループ内対1人競争，⑥グループ内多面的競争，⑦内方的グループ行動，⑧グループ間競争を人間交流群と整理しました。

❷ タイマン ⇒ 1対1の競争：他者との関わり合いが生じます。1対1の活動，将棋やテニスなどです。

❸ ブルってー人 ⇒ グループ内対1人競争：一人の相手と複数が競うことです。鬼ごっこがその代表的なものです。

❹ ダメじゃ ⇒ グループ内多面的競争：3人以上のグループにおいて自分以外，すべてライバルという状態です。マラソン大会などはその例です。

❺ ない ⇒ 内方的グループ行動：グループの中で行われるのは競争ではなく，協力です。オーケストラの演奏や合唱などです。

❻ 闘争心だ ⇒ グループ間競争：グループの間での競争です。野球やサッカーなどがあげられます。

## POINT　　　　　　　　　　　　　　社会性の獲得

対象となる人の状況にあわせて，社会的相互作用の段階を踏んでいくことで，社会性の獲得に有効とされています。

■利用者同士の交流によって，集団の成長とともに，個人の成長を図る。　…○

# 070

## ピアジェの4つの発達段階

<u>ピーンと</u> <u>勘で</u> <u>前菜と</u> <u>具を</u> <u>軽視</u>
❶　　　 ❷　　 ❸　　　❹　　 ❺

❶ ピアジェ（Piaget, J.）
❷ 感覚運動期
❸ 前操作期
❹ 具体的操作期
❺ 形式的操作期

## CHECK WORD

❶ <u>ピーン</u>と ⇒ ピアジェ ：ピアジェは，思考と認知の発達を4つの段階にまとめました。

❷ <u>かん</u>で ⇒ 感覚運動期（生後の2年間）：見る・聞く・触れることなどを通して活動のシステムを形成していきます。

❸ <u>前菜</u>と ⇒ 前操作期（2〜7歳）：概念化が進みますが，みかけの変化に左右されます。直観的思考の時期ともいわれます。

❹ <u>具</u>を ⇒ 具体的操作期（7〜11歳）：みかけの変化に惑わされず，具体的状況であれば論理的に思考できるようになります。

❺ <u>けいし</u> ⇒ 形式的操作期（11歳〜）：抽象的な概念の理解が可能になり，具体的な状況から離れても論理的に思考できるようになります。

## POINT　　　　　　　　　　　　　　　　　　シェマ

シェマとは，ピアジェの考え方の中心をなす概念で，型を持つ行動のことです。

■ピアジェは，認識や思考の発達には4つの段階があることを明らかにした。　…○

■ピアジェは，児童において，特定の大人との間に形成する愛着が人格形成や対人関係の基礎になるという愛着理論を主張した。　…×

■ピアジェは，感覚運動期の後半に，徐々に自己中心性から脱することができるとした。　…×

■ピアジェは，前操作期は保存の理解が難しい時期であるとした。　…○

※愛着理論はボウルビィ（Bowlby, J.）である。

# 071

## ライカードの高齢者のパーソナリティタイプ

| 円じゃなく | カードで払えと | じ | たばたする | ボー | イ |
|---|---|---|---|---|---|
| ❶ | ❷ | ❸ | ❹ | ❺ | ❻ |

❶ 円熟型
❷ ライカード（Reichard,S.）
❸ 自責型
❹ 他罰型
❺ 防衛型
❻ 依存型

## CHECK WORD

❶ <u>円</u>じゃなく ⇒ 円熟型：自らの老いを受け入れて，積極的・活動的に生きるとされます。

❷ <u>カード</u>で払えと ⇒ ライカード ：高齢者のパーソナリティタイプに関する研究でよく知られています。ライカードはこのパーソナリティタイプを 5 つにわけています。リチャード，ライチャードと表記されることもあります。

❸ <u>じ</u> ⇒ 自責型（自己嫌悪型）：自らの不幸や失敗の原因を自分に求め，自分を責めるタイプで，うつ状態になりやすいとされています。

❹ <u>たば</u>たする ⇒ 他罰型：自らの不幸や失敗の原因を他人に求めます。自責型と逆のタイプです。

❺ <u>ボー</u> ⇒ 防衛型（よろいかぶと型）：老いに対する不安や拒否が強く，認めたくないがため，仕事など積極的な活動に没頭します。

❻ <u>イ</u> ⇒ 依存型（ロッキングチェア型）：積極的に活動するわけではなく，受動的で消極的なあり方を選ぶタイプとされています。

## POINT　　　適応と不適応

先にあげた高齢者の 5 つのパーソナリティタイプのうち，自責型と他罰型は不適応状態にあるとされ，円熟型・依存型・防衛型は高齢期に適応している状態とされます。

■装甲型（防衛型）は，受け身的に人生を受け入れて，仕事への興味はないのが特徴である。 …✕

■円熟型は，現実に柔軟であり，自分の人生を受け入れて，さまざまなことに興味を持ち，積極的に社会参加を行うのが特徴である。 …◯

# マズローの欲求階層説

まずもって　正義と　安　心を　尊ぶ　自己　回想
❶　　　　　❷　　　❸　❹　❺(とうと)　❻　❼

❶ マズロー(Maslow,A.H.)
❷ 生理的欲求
❸ 安全欲求
❹ 親和欲求
❺ 尊厳欲求
❻ 自己実現欲求
❼ 欲求階層説

## CHECK WORD

❶ <u>まずもって</u> ⇒ マズロー：マズローはアメリカの心理学者で，人間の欲求には5つの階層があると考えました。

❷ <u>せい</u>義と ⇒ 生理的欲求：食事・排泄・運動・睡眠など人間の身体を維持していくうえで必要となる欲求です。

❸ <u>安</u> ⇒ 安全欲求：安全と安定を求める欲求です。

❹ <u>しんを</u> ⇒ 親和欲求：所属と愛情の欲求です。

❺ <u>尊ぶ</u> ⇒ 尊厳欲求：他者からの承認や自尊心を充たすことを求める欲求です。

❻ <u>自己</u> ⇒ 自己実現欲求：自らの能力や可能性を十分に発揮して，自らの完成を求める欲求です。欲求階層の中でも最高層とされています。

❼ <u>かいそう</u> ⇒ 欲求階層説

## POINT 欲求階層説

マズローの欲求階層説は，下位の欲求から順に生理的欲求 - 安全欲求 - 親和欲求 - 尊厳欲求 - 自己実現欲求となっています（ゴロあわせの用語は下位の順に並べています）。ただし，下位の欲求が充たされなくとも上位の欲求が生じることがわかっています。

■マズローは欲求の階層説を唱え，第一層から第四層までを欠乏欲求と名づけた。 …○

■マズローの欲求の階層説の最高層は，所属と愛情の欲求である。 …×

■食事，排泄，運動や睡眠などの生理的欲求は一次的欲求に含まれる。 …○

## 073

# キューブラ・ロスの死の受容のプロセス

ロス多い　ひ　どい　取引　よく　受けた
❶　　　　❷　❸　❹　　❺　　❻

❶ キューブラ・ロス
❷ 否認（第1段階）
❸ 怒り（第2段階）
❹ 取引（第3段階）
❺ 抑うつ（第4段階）
❻ 受容（第5段階）

## CHECK WORD

❶ <u>ロス</u>多い ⇒ キューブラ・ロス：(Elisabeth Kübler-Ross 1926～2004) 著書『死ぬ瞬間』の中で死の受容のプロセスを次の5つの段階にわけました。

❷ <u>ひ</u> ⇒ 否認（第1段階）：受け入れがたい事実を自分のこととして認めない。事実を前に衝撃を受けている時期。

❸ <u>どい</u> ⇒ 怒り（第2段階）：次第に事実を認めなければならなくなり，自分の身に降りかかる運命に対して怒りを自分や周囲に向けます。

❹ <u>取引</u> ⇒ 取引（第3段階）：延命や苦痛のない日々の保証を得るために，神または治療者との取引を行います。

❺ <u>よく</u> ⇒ 抑うつ（第4段階）：現実に打ちのめされて何もできなくなってしまう反応性抑うつと，静かな決別への準備段階に入った抑うつの2種類があります。

❻ <u>受けた</u> ⇒ 受容（第5段階）：現実をあるがままに受け入れる状態。

## POINT　　　　エリザベス・キューブラ・ロス

アメリカの精神科医。ターミナルケアの草分け的存在。末期患者にインタビューした『死ぬ瞬間』がベストセラーとなり，世界各地でセミナーや講演など，積極的に社会活動を行いました。

■中途障害者の障害受容は，キューブラ・ロスの「死の受容過程」になぞらえて，否認，取引，抑うつ，受容などいくつかの段階で説明されることが多い。　…○

# 074

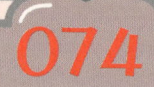

## カウンセリングの基本的態度

<u>けちな</u>　<u>教</u>　<u>授の</u>　<u>基礎体温</u>
❶　　　❷　　❸　　　❹

❶ 傾　聴
❷ 共　感
❸ 受　容
❹ カウンセリングの基本的態度

### CHECK WORD

① けちな ⇒ <u>傾聴</u>：相手の心を聴きとる積極的態度。
② <u>きょう</u> ⇒ <u>共感</u>：相手の感情や態度を自分が体験しているように感じるなどの心情のわかち合いのこと。
③ <u>じゅの</u> ⇒ <u>受容</u>：相手に偏見やこだわりを一切もたないで，かけがえのない独自な存在として，思いやりをもって接すること。
④ <u>基礎たいおん</u> ⇒ カウンセリングの基本的態度：相談者（カウンセラー）の基本的態度。①受容，②共感，③傾聴。

### POINT　　　　　　　　　　　　　　　カウンセリングの意義

　カウンセリングでは，クライエント（カウンセリングを受ける人）自身が，自らの問題を解決していけるよう，カウンセラーが手助けします。カウンセラーがクライエントの人格を尊重して関わる過程を通して，クライエントは自己理解を深め自らの問題に気づき，新しい自分の発見につながっていきます。

■カウンセリングでは，利用者の抱く感情を価値評価的態度で受けとめることが大切である。　…×
■カウンセリングにおいては，相手の話を傾聴することが原則である。　…○
■介護にあたる家族へのカウンセリングでは，家族自身の潜在的な力を発揮できるようにすることが重要である。　…○

## 075

# カウンセリングの技法

メーカーの　注文　バッグを　買う技法
❶　　　　　❷　　　❸　　　　❹

❶ 問題の明確化
❷ 沈　黙
❸ フィードバック
❹ カウンセリングの技法

## CHECK WORD

❶ <u>メーカーの</u> ⇒ 問題の明確化：対象の問題を患者とともに考え，はっきりとさせます。

❷ <u>ちゅうもん</u> ⇒ 沈黙：相手の沈黙をそのまま受け止め，非言語的側面にも耳や心を傾ける努力をします。

❸ <u>バッグを</u> ⇒ フィードバック：受け取った内容を相手に確認します。

❹ <u>かう技法</u> ⇒ カウンセリングの技法：上記以外にも，受容，共感，傾聴，自己一致などさまざまなカウンセリング技法を活用します。

## POINT　カウンセリングの種類と特徴

【非指示的カウンセリング（来談者中心）】クライエントが問題に気づけるようにすることが特徴。カール・ロジャース（Rogers, C. R.）が提唱。

【指示的カウンセリング（臨床的）】特徴はカウンセラーが判断を下し，問題解決の指導・助言を与えます。教育相談・職業指導など。ウィリアムソン（Williamson, E. G.）が提唱。

【折衷的カウンセリング】非指示的・指示的両機能をもつのが特徴。学校カウンセリングなど。ソーン（Thorne, B. J.）が提唱。

- ■要介護高齢者の家族に対するカウンセリング的な面接において，家族が発言したことが不明瞭な場合には，より詳しい表現を促すなど明確化を図る。　…○
- ■カウンセリングとは，心理的な問題を中心とした援助のことである。　…○

## 防衛機制

僕は 大した 食 欲
❶　 ❷　　 ❸ ❹

❶ 防衛機制
❷ 退　行
❸ 昇　華
❹ 抑　圧

## CHECK WORD

**❶ ぼくは** ⇒ 防衛機制：欲求不満，葛藤によって生じる不安を解消するために，無意識的に行われる適応のための心理的機制で，抑圧，合理化，同一化，投影，反動形式，置き換え，代償，退行，逃避，昇華があります。

**❷ たいした** ⇒ 退行：低い発達段階つまり子どものような行動をとることによって，当面の困難を回避すること。

**❸ しょく** ⇒ 昇華：抑圧された性欲など，欲求のはけ口を社会的に認められるスポーツ，芸術，学問などに転化して解消すること。

**❹ よく** ⇒ 抑圧：意識の世界では受け入れ難い欲求を無意識のうちに抑えつけ，心の底に閉じ込めてしまおうとすること。

## POINT　　　　　　　　　　　　　　　　その他の防衛機制

【合理化】欲求が満たされないとき，耐えがたい感情を一見合理的な理屈づけをし正当化すること。
【同一化】自分にとって好ましい人，理想とする人の特性などを自分に取り入れてまね，それによって自己の満足をはかること。
【投　影】自己の感情や欲求を他人や物に向けること。
【反動形式】欲求が満たされないときに，正反対の行動をとって欲求不満を解消すること。
【置き換え】無意識的に，もともとある対象に向けられていた感情を，別のものに移すことによって解消すること。
【代　償】満たされない欲求がある場合に，求めやすい他のものを得ることによって満足すること。
【逃　避】現実の葛藤や不安を避けること。

■欲求不満に陥った場合に，芸術やスポーツに打ち込んで満足を得る行為を合理化という。　…×

■抑圧とは，罪悪感や恥の感情を引き起こすようなある行為を行ったり，ある感情を抱いた後で，それを消し去るために行う意図的な行為である。　…×

※説明文は，それぞれ昇華と反動形式のこと。

## 077

# 高齢者の知的能力で低下しやすいもの

老人知って, そう 決めた
❶　　　　　❷　　❸

❶ 老人の知的能力で低下しやすいもの
❷ 想起力
❸ 記銘力

### CHECK WORD

❶ 老人知って ⇒ 老人の知的能力で低下しやすいもの：流動性知能（⇔結晶性知能）の低下がみられます。流動性知能とはすばやく反応しなければならない知的機能を示します。
❷ そう ⇒ 想起力：一度記憶（記銘）した情報を思い出す能力。
❸ きめた ⇒ 記銘力：新しく体験したことをとどめておく能力のこと。古いことをとどめておく記憶力に対して使われます。

### POINT　　　　　　　　　　　　　加齢に伴う変化とは？

老化には生理的老化と病的老化があり，これらの組み合わせで老化が進みます。運動能力・体力の変化，知覚・感覚の変化，認知能力の変化，心理社会的変化があります。

■老年期には経験が蓄積され，一般的に情報処理のスピードが向上する。 …×
■30歳くらいから老年期まで，流動性知能はそれほど低下しないが，結晶性知能が大きく低下していく。 …×
■老人の知的能力の変化で想起力は，低下しやすい。 …◯

※結晶性知能とは，経験や学習によって得られた知識などによる知能の側面をいう。結晶性知能は，老化などにより大きく低下することはない。

# 高齢者の睡眠の特徴

老人が 入眠 中, 速記
❶　　 ❷　　❸　 ❹

❶ 老人の睡眠の特徴
❷ 入眠障害
❸ 中途覚醒
❹ 早期覚醒

## CHECK WORD

❶ 老人が ⇒ 老人の睡眠の特徴：高齢者は不眠に陥ることが多い。不眠をもたらす因子は環境因子，身体的因子，精神的因子などです。

❷ 入眠 ⇒ 入眠障害：睡眠開始の障害。寝つきの悪さが主訴となります。

❸ 中 ⇒ 中途覚醒：睡眠持続の障害。熟眠障害ともいいます。いったん寝ついても，途中で何度も目が覚めてしまいます。

❹ そっき ⇒ 早期覚醒：睡眠の量的不足。早期覚醒は，朝が明けきらない暗いうちに目が覚め，そのあと眠れないか，ウトウト程度しかできません。

## POINT　　　　　　　　　　　　　　睡眠障害の種類

寝つきが悪い　　途中で目覚める　　寝た気がしない 熟睡できない

入眠障害　　中途覚醒　　早期覚醒

老人・障害者の心理

■高齢になると，一般的に夜間の睡眠時間が長くなる。　…×

■日中の活動量を増やすことは，夜間の安眠のために有効である。　…○

■睡眠にはリズムがあり，浅い眠りのノンレム睡眠と深い眠りのレム睡眠を同調的に繰り返す。　…×

※ノンレム睡眠は深い睡眠であり，レム睡眠は浅い眠りである。

# 高齢者に多い骨折

肋骨　包帯，肩こった
❶　　❷　　　❸

❶ 老人に多い骨折
❷ 関節包内骨折
❸ 骨端部骨折

### CHECK WORD

❶ ろっ骨 ⇒ 老人に多い骨折：高齢者に多い骨折は，大腿骨頸部骨折，胸・腰椎圧迫骨折（椎体の圧迫骨折），橈骨下端骨折です。

❷ 包たい ⇒ 関節包内骨折：大腿骨頸部骨折の好発部位は関節内包の骨頭下骨折と中間部骨折です。

❸ 肩こった ⇒ 骨端部骨折：椎体の圧迫骨折では脊椎椎体や長管骨の骨端部に骨折が生じやすくなります。

### POINT　　高齢者の骨折

高齢者は骨がもろくなっているので骨折しやすい。また，いったん骨折すると回復が遅く，そのため寝たきりの状態を余儀なくされることも多くなります。

- ■高齢者に生じる３大骨折（大腿骨近位，脊柱，橈骨遠位）の中で，大腿骨近位の骨折が最も多い。 …×
- ■高齢者の大腿骨頸部骨折は，原則として手術する。 …○
- ■高齢者の脊椎圧迫骨折は，寝たきりの原因になることが多い。 …○

※最も多いのは，脊椎の圧迫骨折。

## 080

# 老人性難聴の特徴

聞かん坊な老人は　観　光も　分別無い
❶　　　　　　　　❷　❸　　❹

❶ 老人性難聴
❷ 感音性難聴
❸ 高音域障害
❹ 分別能力低下

## CHECK WORD

❶ 聞かん坊な老人は ⇒ 老人性難聴：加齢による聴力の低下は誰にでも起こる生理的現象ですが，年齢以上に聴力が悪化した状態を老人性難聴と呼びます。

❷ かん ⇒ 感音性難聴：内耳から奥の部分が障害されたもの（⇔伝音性難聴：外耳・中耳の障害によるもの）。

❸ こうも ⇒ 高音域障害：高音域が聞き取りにくい（加齢とともに中音域，さらに低音域へと変化が進みます）。

❹ 分別無い ⇒ 分別能力低下：語音明瞭度の低下が起きます。早口の理解度が落ちたり，質問と答えのつじつまがあわなくなったりします。

## POINT　　　　　　　　　　　　　　老人性難聴とは？

【原　因】❶内外有毛細胞の変性，減少。↪主病変は内耳の感覚細胞にあり，内耳性難聴，すなわち感音性難聴を呈します。❷蝸牛神経の変性，減少。

【症　状】❶高音域が聞き取りにくい。❷語音明瞭度の低下。❸左右対称性の難聴。

【看　護】❶耳元で普通の声で（大きな声を張り上げないで）話します。❷表情がわかるように正面を向いて話します。❸早口にならないように語句を区切ってゆっくりと話します。

【難聴への対策】補聴器に慣れさせるため早期着用を勧めます（自発的にすることが望ましい）。

■高齢者の難聴は，伝音性難聴が多く，補聴器を使用しても効果がない。　…✕

■高齢者の難聴では，感音性難聴が多い。　…◯

■伝音性難聴では，補聴器の使用は有効であることが多い。　…◯

# クーリング・オフ制度

クール 電報 秋（あき）の 特約 パ エリアついてます
❶　　❷ ❸　　　　❹❺　　　❻　 ❼ ❽

- ❶ クーリング・オフ制度
- ❷ 電話勧誘販売
- ❸ 訪問販売
- ❹ アポイントメント・セールス
- ❺ キャッチ・セールス
- ❻ 特定継続的役務提供
- ❼ パソコン教室
- ❽ エステサロン

### CHECK WORD

**❶ クール** ⇒ クーリング・オフ制度

**❷ 電** ⇒ 電話勧誘販売

消費者に購入契約の意思がなくても，販売側から一方的に働きかけられることで，よく検討もせずに契約してしまうことが多いことから，消費者保護のために設けられた制度です。特定の販売方法（訪問販売・電話勧誘販売・アポイントメント・セールス，キャッチ・セールスなど）を対象に，一定期間内であれば無条件で解約できます。

**❸ ぽう** ⇒ 訪問販売

**❹ あ** ⇒ アポイントメント・セールス：販売が目的であることを告げず，あるいは販売目的であることを告げていても「特別に選ばれた」などといって，電話などで消費者を呼び出し契約させる方法です。

**❺ きの** ⇒ キャッチ・セールス：路上で勧誘して，喫茶店や営業所で契約させる方法です。

**❻ 特やく** ⇒ 特定継続的役務提供：クーリング・オフ制度が対象とする販売方法は，店舗や営業所以外の場所で販売や契約を行うものですが，「特定継続的役務提供」（パソコン教室・エステサロン・語学教室など）では，消費者自らの意思で店舗に出向き購入契約をしても，クーリング・オフの対象となります。

**❼ パ** ⇒ パソコン教室：特定継続的役務提供のひとつです。

**❽ エリアついてます** ⇒ エステサロン：特定継続的役務提供のひとつです。

### POINT　　通信販売はクーリング・オフできない

通信販売は，クーリング・オフ制度の対象外とされています。

- ■クーリング・オフ制度は，電話勧誘により消費者が商品購入契約をしたときには適用されない。　…×
- ■クーリング・オフ制度では，一定の要件を満たせば，消費者が自らの意思で店舗に行って購入契約した場合でも，クーリング・オフできる。　…○
- ■クーリング・オフ制度で，訪問販売に対して適用されるのは，法定の契約書面を受領した日から8日間である。　…○

## ５大栄養素

えっ！ようこ？ エネルギーは 単三・単 四？ 超絶 ビー ムつき？
❶　　　　　❷　　　　　❸　❹❺　❻　❼　❽

❶ 栄養素
❷ エネルギー
❸ 炭水化物
❹ たんぱく質
❺ 脂　質
❻ 調　節
❼ ビタミン
❽ 無機質（ミネラル）

## CHECK WORD

❶ えっようこ　⇒ 栄養素

❷ エネルギーは　⇒ エネルギー：エネルギー源となる栄養素は，炭水化物・たんぱく質・脂質の3つです。

❸ たん三　⇒ 炭水化物：果物・穀類に多く含まれ，分子の大きさにより単糖・少糖・多糖にわけられます。

❹ たん　⇒ たんぱく質：肉・卵・乳製品・大豆などに多く含まれ，身体の組織をつくります。

❺ し　⇒ 脂質：植物性油・肉の脂身などに含まれます。

❻ ちょうぜつ　⇒ 調節

❼ ビー　⇒ ビタミン

❽ ムつき　⇒ 無機質（ミネラル）

身体の機能を調節する栄養素は，ビタミンと無機質です。

家政学概論

## POINT　バランスよく栄養素を摂取

栄養素にはそれぞれの働きがあり，偏ることなくまんべんなく摂取することが，健康を維持するうえで必要です。

■炭水化物は，生体組織を構成し，生体機能の調節をしている。 …✕

■たんぱく質は，生体組織を構成し，エネルギーの生産や生体組織の調節をしている。 …○

■脂質は，エネルギーを生産し，生体組織を構成している。 …○

■無機質は，生体組織を構成し，生体機能の調節をしている。 …○

※炭水化物は，エネルギーを供給する栄養素。

## 各栄養素のg当たり熱量

年(と) 下(し) 下(し た) 急 死
　❶　❷　　❸　❹　❺　❻

❶ 糖 質
❷ 4 kcal
❸ 4 kcal
❹ たんぱく質
❺ 9 kcal
❻ 脂 肪

## CHECK WORD

- ❶ と ⇒ 糖質
- ❷ し ⇒ 4 kcal
- ❸ し ⇒ 4 kcal
- ❹ た ⇒ たんぱく質
- ❺ 急 ⇒ 9 kcal
- ❻ し ⇒ 脂肪

ヒトの生命維持・成長に必要なエネルギー源は糖質・脂質・たんぱく質のいわゆる三大栄養素で、ビタミン、ミネラルなどの補助栄養素がエネルギー利用を助けます。酸化によって、糖質は4kcal/g、脂質は9kcal/g、たんぱく質は4kcal/gのエネルギーを産生します。

## POINT　　　エネルギーの働き

　エネルギー源がなければ人は生きていくことができません。なぜなら、エネルギーは生体を維持していくうえで欠かせない働き、例えば、体温の維持、神経刺激の発生と伝導、組織の修復、筋肉の収縮・伸展などを行うからです。しかし、生体の維持に必要であるからといって、エネルギー源をむやみやたらに多くとればよいというわけではありません。エネルギー源となる栄養素の中で最も高いエネルギーを持つのは、脂肪（脂質）ですが、とりすぎれば、肥満や動脈硬化の原因となります。栄養素の特質にあわせ、適量を摂取することが大切です。

■脂肪1g当たり熱量は、4Kcalである。　　…×

■糖質は脂肪と比べて、g当たり熱量が大きい。　　…×

# ISO（国際標準化機構）規格

磯の　くのー　サービス開始
❶　　❷　　　❸

❶ ISO（国際標準化機構）
❷ 9001
❸ 福祉サービス等

## CHECK WORD

❶ いその　　⇒ ISO（国際標準化機構）

❷ くのー　　⇒ 9001

❸ サービス開始 ⇒ 福祉サービス等

ISOとは国際標準化機構の規格で，ISO9001では，製造やサービス提供を行う組織に関する運営・管理に関する事柄を示しており，福祉サービスも対象とされています。

## POINT　　　　　　　　　　　　　　　　ISO規格

単位や用語などの国際標準化を進める国際標準化機構により出されている規格で，さまざまな分野を対象としています。

- ■家庭用品品質表示法によって，家庭電化製品のISO（国際標準化機構）表示が規定されている。　…×
- ■サービスの品質に関する国際標準規格であるISO9001の認証取得については，福祉サービスは対象外とされている。　…×

※家庭電化製品はISOではなく，「表示の標準」が電気機械器具について告示されている。JIS（日本工業規格）は任意表示である。

# 織物の三原組織

三茶で 出世 平 社員
❶　　　❷　　❸　❹

❶ 三原組織
❷ 朱子織
❸ 平　織
❹ 斜文織（綾織）

### CHECK WORD

❶ 三ちゃ*で ⇒ 三原組織：織物の基本組織のことで，平織・斜文織・朱子織の３つがあります。

❷ しゅっ世 ⇒ 朱子織：交錯点が少なく，布表面の縦糸と横糸が長く浮き，柔軟で光沢があります。反面，摩擦に弱く，強度に欠けます。サテンやドスキンなどがあります。

❸ 平 ⇒ 平織：縦糸と横糸が１本ずつ交互に織られたもので，丈夫で強い布となります。ブロード・さらし・キャラコ・羽二重・ガーゼなどが代表的なものです。

❹ しゃ員 ⇒ 斜文織（綾織）：縦糸と横糸が２本以上ずつ組み合わされ，柔軟で光沢があります。デニム・ツイード・サージなどがあります。

＊東京都世田谷区に三軒茶屋という地名があり，これを「三茶」と呼ぶことが多い。

### POINT　　　　　　　　　　　　　　　　織物の種類

　原料となる繊維の違いにより，綿織物・毛織物・化繊織物などにわけられます。

■平織は，摩擦に強く丈夫で幅広く利用されている。ガーゼや羽二重はその例である。　…○

■斜文織（綾織）は，摩擦に弱く布の強度も低い。サテンやドスキンはその例である。　…×

※設問文は，朱子織の説明。

# 感覚温度と3因子

疾 風 音頭
❶ ❷ ❸

❶湿　度
❷風
❸温　度

### CHECK WORD

① しつ　⇒湿度
② 風　　⇒風
③ おんど　⇒温度

人間が感じる暑さや寒さは 感覚温度 と呼ばれ，温度との単純な対応関係にあるわけではありません。感覚温度には，温度・湿度・風の3因子が関係します。

### POINT　　　　　　　　　　　　　　　　　湿　度

　夏の暑い時期にクーラーをかけて涼んでいると，喉がいつもより渇くように感じたことはありませんか？
　これはクーラーが温度を下げるとともに除湿も行っているためで，高齢者などに対し，体が冷えすぎるとよくないからとドライ機能を使っている時などは，水分を適切に摂取することに心掛ける必要があります。

■至適温度は，冬期は 19 ～ 23℃，夏期は 22 ～ 26℃ といわれている。　　…○

## 不快指数

不快な 温 室
① ② ③

① 不快指数
② 気温
③ 気湿

### CHECK WORD

❶ 不快な ⇒ 不快指数
❷ 温　 ⇒ 気温
❸ しつ　⇒ 気湿

気温，気湿を総合した指標。不快指数 70 で 10％，75 で 50％，80 で 100％ の人が不快に感じます。

### POINT　　快適な室内気候とは？

【室内温度】夏：22±2℃／冬：19±2℃
　水平温度分布が一様であること。上下の温度差が 3 〜 4K 以下であること。ある部分の室内に面する箇所の温度は，その部分に近接する室温より 3 〜 4K 以下であること。
【湿　度】夏：45 〜 65％／冬：40 〜 60％
【室内気流】0.1 〜 0.2 m/秒の清浄な室内気流があること。

■気圧は，不快指数に直接関係する。　　　　…×
■気温は，不快指数に直接関係する。　　　　…○
■気湿は，不快指数に直接関係する。　　　　…○

# バイタルサイン

ばいきんマン　ゴ　ミと　対　決の　意思
❶　　　　　　❷　❸　　❹　❺　　❻

❶ バイタルサイン　　❹ 体　温
❷ 呼　吸　　　　　　❺ 血　圧
❸ 脈　拍　　　　　　❻ 意　識

## CHECK WORD

❶ ばいきんマン ⇒ バイタルサイン ：生命を維持するのに必要な生理的機能状態を把握する他覚的所見，つまり徴候のことです。

❷ ゴ ⇒ 呼吸：評価項目は，呼吸数，呼吸の深さ，呼吸のリズムの3つ。1分間測定します。

❸ ミと ⇒ 脈拍：座位で測定し，手首から1〜2cm中枢側に第2，3，4指をあて，1分間測定します。

❹ たい ⇒ 体温：通常は腋窩で測定しますが，必要に応じて口腔内や直腸でも測定。体温は直腸温 $\overset{0.5〜1℃}{>}$ 口腔温 $\overset{0.2〜0.5℃}{>}$ 腋窩温の順。

❺ けつの ⇒ 血圧：座位で上腕動脈にて測定。心臓の高さと肘関節の高さが同じになるよう注意します。マンシェットのゴム嚢の中心が上腕動脈の直上になるようにあて，下縁が肘窩の中心より2〜3cm上になるよう巻きつけます。巻く強さは指が2本入る程度。

❻ 意思 ⇒ 意識：意識の状態はJapan Coma Scaleの3-3-9度方式で評価します。

## POINT　Japan Coma Scale

| | | |
|---|---|---|
| Ⅲ 刺激しても覚醒しない状態 | 300 | 痛み刺激にまったく反応しない。 |
| | 200 | 痛み刺激で少し手足を動かしたり，顔をしかめる。 |
| | 100 | 痛み刺激に対し払いのけるような動作をする。 |
| Ⅱ 刺激すると覚醒する状態（刺激をやめると眠り込む） | 30 | 痛み刺激を加えつつ呼びかけを繰り返すとかろうじて開眼する。 |
| | 20 | 大きな声または体を揺さぶることにより開眼する（簡単な命令に応ずる。例：手を握る，離す）。 |
| | 10 | 普通の呼びかけで容易に開眼する（合目的的な運動をし言葉も出るが間違いが多い）。 |
| Ⅰ 刺激しなくても覚醒している状態 | 3 | 自分の名前・生年月日がいえない。 |
| | 2 | 時・人・場所がわからない（見当識障害）。 |
| | 1 | 大体意識清明だが，今ひとつはっきりしない。 |

■バイタルサインとは，呼吸・体温・排泄・食事量・睡眠の状態のことをいう。 …✕

■バイタルサインとは，身長，体重，脈拍，呼吸で，人が生きている兆候のことをいう。 …✕

## 死の3徴候

深　呼吸で　タコ　死亡
❶　❷　　　❸　　❹

❶ 心臓停止
❷ 呼吸停止
❸ 対光反射の消失
❹ 死の3徴候

## CHECK WORD

1. しん ⇒ 心臓停止：心臓の停止（心臓）。
2. 呼吸で ⇒ 呼吸停止：呼吸の停止（肺）。
3. タコ ⇒ 対光反射の消失：瞳孔の散大，対光反射の消失（脳）。
4. 死亡 ⇒ 死の3徴候：①呼吸停止，②心臓停止，③脳機能停止。

## POINT　　　　　　　　　　　　　　死の受容

　脳の機能が停止しても，人工的に呼吸と循環を管理すると，ある程度の期間，体組織を維持できるようになってきました。そこで生まれてきた考え方が脳死です。脳死は，医学的には個体死を意味しますが，患者の家族にとっては，外見上は生きているようにみえるので，脳死を受け入れるのは，容易ではありません。

■死亡診断は，心停止，呼吸停止，瞳孔散大をもってなされる。　…○

## 正常血圧

正常じゃ 意 味 ない 箱（は こ）
❶      ❷ ❸ ❹   ❺   ❻

❶ 正常血圧（130/85 mmHg 未満）
❷ 1
❸ 3
❹ 0
❺ 8
❻ 5

### CHECK WORD

1. 正常じゃ ⇒ 正常血圧（130/85 mmHg 未満）
2. 意 ⇒ 1
3. 味 ⇒ 3
4. ない ⇒ 0
5. は ⇒ 8
6. こ ⇒ 5

### POINT　　　　　　　　　　　　　　　　血圧とは？

　循環する血圧が血管壁に与える血管内圧のことで，通常は動脈の血圧をさします。血管内圧は心臓が収縮するときに最も高くなり，その血圧を最高血圧（収縮期血圧）といい，心臓が拡張するときには，血圧が最も低くなり，最低血圧（拡張期血圧）といいます。血圧の測定は心機能を評価したり，血管の障害（血管の閉塞や動脈硬化）を知る指標となり，バイタルサイン（生命徴候）のひとつとして重要です。

- ■成人の安静時で血圧が 120/70 mmHg は，正常と判定される。 …○
- ■血圧（安静時）125/80 mmHg は，成人の正常値の範囲内にある。 …○
- ■最低血圧とは，心臓が収縮したときの血圧である。 …×

※心臓が拡張したときの血圧を最低血圧，収縮したときの血圧を最高血圧という。最高血圧/最低血圧であらわす。

# 高血圧症

こげた 石（い し）を く れ
① 　　　② ③ ④ ⑤ ⑥

① 高血圧症（140/90 mmHg 以上）
② 1
③ 4
④ 0
⑤ 9
⑥ 0

## CHECK WORD

1. こげた ⇒ 高血圧症（140/90 mmHg 以上）
2. い ⇒ 1
3. し ⇒ 4
4. を ⇒ 0
5. く ⇒ 9
6. れ ⇒ 0

## POINT　　高血圧症とは？

　高血圧症とは，繰り返し測定しても血圧が高い状態をさします。血圧は日内変動があるので，1回の測定結果が高血圧であっても，何回か測定しなおして，正常血圧になれば高血圧症とは呼びません。高血圧症の判定基準は，収縮期血圧が140 mmHg 以上または，拡張期血圧が90 mmHg 以上です。

### 血圧値の分類～高血圧治療ガイドライン 2004 ～

| | 分　類 | 収縮期血圧（mmHg） | | 拡張期血圧（mmHg） |
|---|---|---|---|---|
| 正常 | 至適血圧 | 120 未満 | かつ | 80 未満 |
| | 正常血圧 | 130 未満 | かつ | 85 未満 |
| | 正常高値血圧 | 130～139 | または | 85～89 |
| 高血圧 | 軽症高血圧 | 140～159 | または | 90～99 |
| | 中等症高血圧 | 160～179 | または | 100～109 |
| | 重症高血圧 | 180 以上 | または | 110 以上 |
| | 収縮期高血圧 | 140 以上 | かつ | 90 未満 |

■成人で血圧値 122/92 mmHg の場合，高血圧と診断できる。　…○

■高血圧症の原因となる食生活としては，塩分の過剰摂取があげられる。　…○

# 総コレステロール（TC）の基準値

倉庫は　い　つも　日　通
❶　　　❷　❸　❹　❺

❶ 総コレステロール（120〜220 mg/dℓ）
❷ 1
❸ 2
❹ 2
❺ 2

倉庫…

## CHECK WORD

❶ そうこは ⇒ 総コレステロール（120～220 mg/dℓ）
❷ い ⇒ 1
❸ つも ⇒ 2
❹ 日 ⇒ 2
❺ 通 ⇒ 2

## POINT

### 総コレステロール（TC）とは？

　生体にとって重要な脂質のひとつ。ステロイドホルモンの原料になったり，細胞膜の成分として重要な働きをしますが，過剰になると動脈硬化を引き起こします。総コレステロール値が 高値 の場合，家族性高脂血症，糖尿病，甲状腺機能低下症，クッシング症候群，閉塞性黄疸，急性膵炎，ネフローゼ症候群，妊娠，経口避妊薬服用など， 低値 の場合，α-リポ蛋白欠損症，甲状腺機能亢進症，アジソン病，肝硬変，栄養障害などがみられます。

■総コレステロール値280 mg/dℓは，正常である。　　…✕

■コレステロールは，胆嚢でつくられる。　　…✕

※一般的には総コレステロールとトリグリセリドのうちいずれかが基準値を超えた場合，高脂血症と診断される。
〈総コレステロール〉
220～259 mg/dℓ：軽度高脂血症
260～299 mg/dℓ：中等度高脂血症
300 mg/dℓ以上　：高度高脂血症

〈トリグリセリド〉
150～299 mg/dℓ：軽度高脂血症
300～749 mg/dℓ：中等度高脂血症
750 mg/dℓ以上　：高度高脂血症

※コレステロールは，主に肝臓でつくられる。

## 尿比重

肘の 疼痛 ない
❶ ❷ ❸ ❹

❶ 尿比重（1.020前後）
❷ 10
❸ 2
❹ 0

### CHECK WORD

- ❶ ひじの ⇒ 尿比重（1.020 前後）
- ❷ 疼 ⇒ 10
- ❸ 痛 ⇒ 2
- ❹ ない ⇒ 0

早朝尿の濃縮尿では尿比重 1.020 前後が正常。通常では 1.005 〜 1.030 が正常値。

### POINT　　尿の性状

　最終的に排泄される尿は成人で約 600 〜 1,600 mℓ。24 時間尿が 400 mℓ 以下であれば乏尿，反対に 2,500 mℓ 以上であれば多尿といいます。

　通常，pH5 〜 7 の弱酸性を示しますが，肉食では酸性に，野菜食ではアルカリ性に傾きます。比重は 1.005 〜 1.030 で，排泄される尿固形物はほぼ一定であるために，尿量が多い場合は比重が下がり，減少すると比重が上がります。

■健康人の尿比重は，1.000 である。　　…×

■健康人の尿比重は，1.020 である。　　…○

■健康人の尿比重は，1.040 である。　　…×

## 乏尿・無尿

女房 死んで 無(む) 一文(いちもん)
❶   ❷    ❸   ❹

❶ 乏 尿
❷ 400 mℓ/日以下
❸ 無 尿
❹ 100 mℓ/日以下

### CHECK WORD

① にょうぼう ⇒ 乏尿

② 死んで ⇒ 400 mℓ/日以下

} 排泄する尿量が著しく少ない状態。1日400 mℓが目安とされ，急性腎炎・ネフローゼ症候群・脱水・ショックなどでみられます。

③ 無 ⇒ 無尿

④ 一文 ⇒ 100 mℓ/日以下

} 腎臓の機能障害や尿管の閉塞のため，膀胱に尿が送られず，尿が出なくなる状態。1日尿量100 mℓ以下をいいます。

### POINT　　　　　　　　　　無尿とは？

無尿の定義は，100 mℓ/日以下であって，0 mℓ/日でなくても無尿になることに注意しましょう。

■成人において，1日の尿量が400 mℓは正常である。　　…✕

■尿量1,000 mℓ/日は，成人の正常値の範囲内である。　　…◯

※1日尿量400 mℓ以下を乏尿という。1日の尿量は約600〜1,600 mℓである。

189

# ショックの前駆症状

青白い　兄弟の　霊に　ショックで絶句
❶　　　　❷　　　❸　　❹

❶ 顔面蒼白
❷ 虚脱状態
❸ 冷　感
❹ ショックの前駆症状

## CHECK WORD

1. 青白い ⇒ 顔面蒼白
2. きょうだいの ⇒ 虚脱状態
3. れいに ⇒ 冷感
4. ショックでぜっく ⇒ ショックの前駆症状

ショックの前駆症状には，低血圧，頻脈，皮膚の蒼白，発汗，末梢チアノーゼ，過呼吸，意識障害，乏尿などがみられます。

## POINT　　　ショックとは？

ショックとは，簡単にいうと血圧が異常に低下することです。そのために，重要な臓器に血液が来なくなり，臓器障害が生じてしまい，早期処置を施さなければ，生命を危うくしてしまうのです。原因によりいくつかに分類されていますので，この分類も一緒に目を通しておいてください。

|  | 病因 |
|---|---|
| 血液量減少性ショック | 大量出血などにより，循環血液量が減少 |
| 心原性ショック | 急性心筋梗塞などによる心筋収縮力が低下 |
| 敗血症性ショック | 細菌感染により，血管拡張が起きる |
| アナフィラキシーショック | Ⅰ型アレルギー反応による循環不全，気道閉塞 |

■顔面蒼白時，頭部を高くして，仰臥位にする。　…×

※頭部を低くして，血液の流れを心臓部より上部へくるよう意識し，急な嘔吐に備えて，側臥位にする。

## 一次救命処置の順番

午前1時の 貴 公 子
　❶　　　❷ ❸ ❹

❶ 一次救命処置
❷ 気道確保
❸ 人工呼吸
❹ 心マッサージ

## CHECK WORD

**❶ 午前１じの** ⇒ 一次救命処置：救命処置には一次救命処置と二次救命処置があります。一次救命処置は医師以外の人でも器具・薬品などを用いることなく実施でき，二次救命処置は医師または十分に訓練を受けた者が器具・薬品などを用いて実施します。

**❷ き** ⇒ 気道確保：Airway。用手的に気道を確保。意識のない患者には必須。

**❸ こう** ⇒ 人工呼吸：Breathing。気道確保を行っても呼吸運動が停止あるいは不十分な場合に行います。

**❹ し** ⇒ 心マッサージ：Circulation。胸骨圧迫心マッサージを行います。

## POINT　　　　　　　　　　　　救命処置の ABC

気道確保（Airway），人工呼吸（Breathing），心マッサージ（Circulation）を蘇生の ABC といいます。

| 一次救命処置 | | 二次救命処置 |
|---|---|---|
| ・用手的に異物を除去<br>・気道確保の体位 | Ⓐ<br>**気道確保** | ・エアウェイの挿入<br>・気管内挿管 |
| ・口対口人工呼吸<br>・口対鼻人工呼吸 | Ⓑ<br>**人工呼吸** | ・アンビューバッグ<br>・バッグマスク |
| ・閉胸式心マッサージ | Ⓒ<br>**心マッサージ** | ・前胸部叩打法<br>・開胸式心マッサージ |

## Question

■意識障害においては，気道を確保し，保温しながら救急隊の到着を待つ。　…○

■自発呼吸がないときには，とりあえず頭部を後屈し，あご先を挙上し気道を確保する。　…○

# 097

## 運動が予防効果を示すもの

<u>新規</u> <u>講師を</u> <u>こそこそ</u> <u>呼ぼう</u>
❶   ❷   ❸   ❹

❶ 心筋梗塞
❷ 高脂血症
❸ 骨粗鬆症
❹ 予防効果

### CHECK WORD

❶ しんき ⇒ <u>心筋梗塞</u>:虚血性心疾患。冠動脈の閉塞によって心筋が壊死に陥った状態をいいます。

❷ こうしを ⇒ <u>高脂血症</u>:高脂血症とは血中の脂質であるコレステロールと中性脂肪の一方もしくは両方が正常範囲を超えて増加する状態をいいます。

❸ こそこそ ⇒ <u>骨粗鬆症</u>:骨量の減少,骨の微細構造の劣化の2つの特徴がある全身性の骨の病気で,この2つの原因で骨の脆弱性が増し,骨折の危険性が増加した状態をいいます。

❹ よぼう ⇒ 予防効果 :体力に合った適度な運動を行うことは,全身の組織の血行をよくして新陳代謝を高めることになり,疾病予防に有益といえます。

### POINT　　　　　　　　運動の生活習慣病の予防効果

◎生活習慣病(高血圧症,糖尿病,心疾患)の予防効果があります。
◎毛細血管が発達し,血圧を下げ,血管の老化を防ぎます。
◎善玉コレステロール(HDL)が増えます。
◎インスリンの働きがよくなり,糖尿病の予防に効果があります。
◎脂肪を燃やし,肥満の予防,減量効果があります。
◎骨が丈夫になり,骨粗鬆症の予防になります。
◎肩こり,便秘などを予防します。

■骨粗鬆症の予防には,カルシウムの摂取,運動による骨形成促進などがある。　…○

■高脂血症には,運動が予防効果を示す。　…○

■クモ膜下出血には,運動が予防効果を示す。　…×

# 麻痺の部位による分類

真昼に 獅子が 大 変
❶　　　 ❷　　　 ❸　❹

❶ | 麻　痺 |
❷ 四肢麻痺
❸ 対(つい)麻痺
❹ 片麻痺

## CHECK WORD

1. まひるに ⇒ 麻痺：麻痺の部位により以下のようにわけられています。
2. ししが ⇒ 四肢麻痺：全身麻痺ともいわれます。
3. たい ⇒ 対麻痺：両足が麻痺している状態です。
4. へん ⇒ 片麻痺：右半身あるいは左半身が麻痺している状態です。

## POINT　麻痺とは

麻痺とは，神経や筋肉が障害を受けて本来の働きができなくなった状態のことをさします。運動や知覚に困難を起こします。

主な麻痺の分類：

〈(右)片麻痺〉　〈対麻痺〉　〈四肢麻痺〉　〈単麻痺〉　〈両側片麻痺〉

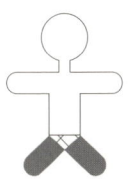

四肢のうち一肢。どの四肢の麻痺でもよい。

完全片麻痺と対側の不全麻痺。

■対麻痺とは，両側下肢の運動・感覚麻痺のことである。　…○

■片麻痺とは，身体一側の，上下肢にみられる運動・感覚麻痺のことである。　…○

■単麻痺とは，左右の上下肢のうちの一肢にみられる運動・感覚麻痺のことである。　…○

## 糖尿病の判定

父ちゃんは 腹が減ったら い つ（two）も ローソン
① ② ③ ④ ⑤

① 糖尿病
② 空腹時血糖（126 mg/dℓ 以上）
③ 1
④ 2
⑤ 6

## CHECK WORD

❶ とうちゃんは ⇒ 糖尿病
❷ 腹が減ったら ⇒ 空腹時血糖（126 mg/dℓ 以上）
❸ い ⇒ 1
❹ つ (two) も ⇒ 2
❺ ローソン ⇒ 6

## POINT　　　糖尿病診断基準（日本糖尿病学会，1999）

❶・空腹時血糖値≧126 mg/dℓ
　・75 g OGTT 2 時間値≧200 mg/dℓ
　・随時血糖値≧200 mg/dℓ
　このいずれかの検査が別の日に行った検査で，2 回以上確認できれば糖尿病と診断してよい。
　これらの基準値を超えても 1 回だけの場合には糖尿病型と呼ぶ。
❷糖尿病型を示し，かつ次のいずれかの条件が満たされた場合は，❶の検査がひとつしか確認されなくても糖尿病と診断できる。
　①糖尿病の典型的症状（口渇，多飲，多尿，体重減少）の存在
　②ヘモグロビン $A_{1C}$≧6.5%
　③明らかな糖尿病性網膜症の存在

■糖尿病の診断には，ヘモグロビン $A_{1C}$ を用いる。　　…○
■糖尿病では症状の有無にかかわらず，血糖のコントロールは必要である。　　…○

※糖尿病では，ヘモグロビン $A_{1C}$ が高値となる。

## 空腹時血糖（FBS）の基準値

父ちゃん　腹減り，路　頭に迷う
❶　　　　❷　　　　❸　❹

❶ 血糖値
❷ 空腹時血糖（60〜100 mg/dℓ）
❸ 60
❹ 100

## CHECK WORD

1. **とう**ちゃん ⇒ 血糖値
2. **腹**減り ⇒ 空腹時血糖（60〜100 mg/dℓ）
3. **路** ⇒ 60
4. **頭**に迷う ⇒ 100

## POINT　　　　　　　空腹時血糖（FBS）とは？

空腹時の血液中に含まれるブドウ糖の量を調べるもの。血糖の検査は糖尿病などの糖代謝異常症あるいは関連疾患の診断，鑑別診断，経過観察に重要です。血糖値の**高値**は糖尿病，肥満，高脂血症，急性膵炎，クッシング症候群，甲状腺機能亢進症，脳血管障害，胃切除後，副腎皮質ホルモン薬服用などで，**低値**は副腎機能低下症，甲状腺機能低下症，下垂体機能低下症，劇症肝炎，絶食，インスリン投与などでみられます。

- ■空腹時血糖 40 mg/dℓは，正常値である。　　　　　　　　…×
- ■糖尿病性網膜症では，空腹時血糖値が 180 mg/dℓ以上であることが診断基準のひとつとなっている。　　　　　　…×
- ■糖尿病では，グルコースの値が低下する。　　　　　　　…×

※糖尿病性網膜症は，空腹時血糖値ではなく眼底所見で判定を行う。
※糖尿病では，血糖（血液中グルコース値）が上昇する。

# 糖尿病の合併症

友（と　も）達は　新　人
　　❶　❷　　　❸　❹

❶ 糖尿病の合併症
❷ 網膜症
❸ 神経障害
❹ 腎障害

## CHECK WORD

- ❶ と ⇒ 糖尿病の合併症
- ❷ も達は ⇒ 網膜症
- ❸ しん ⇒ 神経障害
- ❹ じん ⇒ 腎障害

糖尿病の三大合併症（病期順に）は，①糖尿病性神経症（知覚障害，しびれ），②糖尿病性網膜症（毛細血管瘤で初発），③糖尿病性腎症（ネフローゼ症候群⇨腎不全⇨透析）です。

## POINT　　糖尿病の症状

　初期症状は，口渇，多尿，体重減少，全身倦怠感など。合併症を併発すると，さまざまな症状が出現します。三大合併症は網膜症，腎症，末梢神経障害ですが，腎障害の程度により生命予後が左右されます。

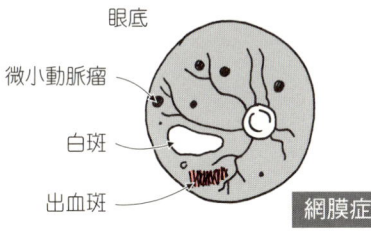

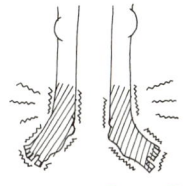

眼底
- 微小動脈瘤
- 白斑
- 出血斑

網膜症

前脛骨部
押すとへこむ
足背

腎症（下肢浮腫など）

しびれはくつ下をはいた部分に両足に生じるのが特徴

末梢神経障害

- ■糖尿病の三大合併症とは，腎症，網膜症，末梢神経障害である。　…○
- ■糖尿病の合併症のひとつに糖尿病性網膜症があり，失明することがある。　…○
- ■糖尿病では，触覚・痛覚の障害を認めることは少ない。　…×
- ■糖尿病性腎症は，血液透析導入の主要な原因である。　…○

## 喫煙に関係する疾患

煙を 換気 排出
❶　❷　❸　❹

❶ 喫　煙
❷ 冠動脈疾患
❸ 慢性気管支炎
❹ 肺　癌

## CHECK WORD

❶ 煙を ⇒ 喫煙：喫煙は肺癌，虚血性心疾患，慢性閉塞性肺疾患など多くの疾患のリスク要因。

❷ かん ⇒ 冠動脈疾患：虚血性心疾患（狭心症，心筋梗塞など）。

❸ 気 ⇒ 慢性気管支炎：慢性閉塞性肺疾患（COPD：慢性気管支炎，肺気腫）。

❹ はい出 ⇒ 肺癌：肺に発生する癌。

## POINT　　　　　　　　　　　　　　　　　　　　　喫　煙

　喫煙は肺癌，虚血性心疾患，慢性閉塞性肺疾患など多くの疾患のリスク要因です。喫煙率は全体では減少傾向にありますが，20～30代の女性で増加していることが問題となっています。このことが深刻な理由は，女性が妊娠した場合の胎児への影響が大きいからです。

　健康日本21（21世紀における国民健康づくり運動：2000～2010年）でも喫煙を重点目標のひとつとして取り上げています。

■肺がんのうち扁平上皮がんは，喫煙との関係が深い。　　…○

■慢性閉塞性肺疾患の最大危険因子は，喫煙である。　　…○

■虚血性心疾患の三大危険因子として，高血圧，喫煙，高コレステロール血症がある。　　…○

103

# 閉塞性換気障害を起こす疾患

ヘソ邪魔で， 全速　発揮で　走れん
❶　　　　　❷　　❸　　　❹

❶ 閉塞性換気障害
❷ 気管支喘息
❸ 肺気腫
❹ 慢性気管支炎

### CHECK WORD

❶ ヘソ邪魔で ⇒ 閉塞性換気障害：気道に通過障害があるために，気流閉塞1秒率は減少しますが，％肺活量は低下しません。臨床症状として，呼気時間の延長を認めることが多いです。肺気腫，慢性気管支炎，気管支喘息などに認められます。

❷ ぜんそく ⇒ 気管支喘息：気道の反応性亢進と好酸球による炎症によって気管および気管支が可逆的に狭窄し，呼気性呼吸困難をきたす慢性炎症性疾患。

❸ はっきで ⇒ 肺気腫：終末細気管支より末梢の気腔が過膨張した状態。肺胞壁の破壊を伴っているため，不可逆性の閉塞性換気障害をきたします。

❹ はしれん ⇒ 慢性気管支炎：痰を伴った咳が，2年以上の長期間にわたって出ている病態を慢性気管支炎といいます。

### POINT　　　　　慢性閉塞性肺疾患（COPD）とは？

　慢性閉塞性肺疾患（COPD）とは，慢性気管支炎，肺気腫を総称した呼び名です。COPDの主な原因はタバコですが，わが国は先進諸国の中できわだって喫煙率が高いままであり，また青少年，若い女性の喫煙率が上昇していることから，さらに患者数は増えると予測されており対策が求められています。

■慢性閉塞性肺疾患は，加齢に伴い増加する。　…○

■気管支喘息は，動脈硬化が原因と考えられる。　…×

■肺気腫のある人は，口すぼめ呼吸と腹式呼吸を習得する。　…○

# 白内障の自覚症状

吐かないと，無 臭で 至 福
　❶　　　　　❷ ❸　　❹ ❺

❶ 白内障の自覚症状
❷ 霧　視
❸ 羞　明
❹ 視力低下
❺ 複　視

### CHECK WORD

1. **はかないと** ⇒ 白内障の自覚症状
2. **む** ⇒ 霧視：かすみ眼。かすんだ視力の状態を意味します。
3. **しゅうで** ⇒ 羞明：普通の光をまぶしく感じること。眼が痛い，涙が出るなどの訴えがあります。
4. **し** ⇒ 視力低下：メガネなどでは矯正できない視力の低下がみられます。
5. **ふく** ⇒ 複視：ひとつの物体が二つ以上に重複してみえること。

### POINT　　　　　　　　　　　　　　　白内障とは？

　水晶体線維が膨化・破壊され，また水晶体蛋白質の変性も起こり，水晶体が混濁します。高齢化社会とともに罹患率は増加し現代病のひとつとなっています。老人性白内障の場合，病初期に自覚症状が少なく，加齢によって誰にでも生じる疾患といえます。

- ■老人性白内障の自覚症状として霧視がある。　　　　　　…○
- ■老人性白内障の自覚症状として眼痛がある。　　　　　　…✕
- ■白内障は目のかすみなどで自覚され，眼内レンズの挿入によって視力の回復が得られる。　　　　　　　　　　　　…○
- ■視力低下では，白内障や緑内障，網膜症などがその主な原因である。　　　　　　　　　　　　　　　　　　　　　…○

## 105

# パーキンソン病の3徴候

パキパキ　コキコキ　し　ない
❶　　　　❷　　　　❸　❹

❶ パーキンソン病
❷ 筋固縮
❸ 振　戦
❹ 無　動

### CHECK WORD

❶ パキパキ ⇒ パーキンソン病：中脳の黒質・線条体におけるドパミン不足と，それに応じる相対的アセチルコリン系の増加がもたらす錐体外路系の疾患。30歳以上で幅広く発生しますが，60歳前後が好発年齢。特定疾患治療研究対象疾患。

❷ コキコキ ⇒ 筋固縮：歯車現象，鉛管現象。

❸ し ⇒ 振戦：手のふるえ。

❹ ない ⇒ 無動：仮面様顔貌，構音障害。

### POINT　　　　　　　　　　　　　　パーキンソン病の3徴候

　パーキンソン病は錐体外路系の疾患で，錐体外路症状の代表的なものが，筋固縮（筋緊張が亢進した状態），振戦（手指のふるえ），無動（自らはほとんど動かず，動いても動作はゆっくりしている）です。

■パーキンソン症候群では，歩幅を広げて，下肢を大きく外側に回す歩行が特徴である。　…×

■パーキンソン病は，動作が緩慢である。　…○

■パーキンソン病の主症状に浮腫がある。　…×

■パーキンソン病では，前傾姿勢，突進現象や小刻み歩行などがみられる。　…○

■パーキンソン病では，安静時の振戦がみられる。　…○

※独特の前傾・前屈姿勢による小刻み・突進歩行が特徴。

## 関節リウマチ

龍の ボ ス，弱 体しても 怖い
① ② ③ ④ ⑤ ⑥

① 関節リウマチ
② ボタン穴変形
③ スワンネック変形
④ 尺側偏位
⑤ 対称性関節炎
⑥ 朝のこわばり

## CHECK WORD

**❶ リュウの** ⇒ 関節リウマチ：RA。20～40歳代の女性に好発。自己免疫によって起こる非化膿性の多発性関節炎。

**❷ ボ** ⇒ ボタン穴変形：PIP関節屈曲，DIP関節過伸展。横からみるとボタンの穴のようにみえます。

**❸ ス** ⇒ スワンネック変形：PIP関節過伸展，DIP関節屈曲。曲がった指を横からみると白鳥の首のようにみえます。

**❹ じゃく** ⇒ 尺側偏位：腕の小指側の骨を尺骨といい，指と手首が尺骨側へ偏ることをいいます。

**❺ たいしても** ⇒ 対称性関節炎：身体の左右の同じ関節部位が同時に罹患していること。

**❻ こわい** ⇒ 朝のこわばり：長時間安静状態を保っていると，関節がこわばって動かなくなります。起床直後の朝に顕著。

## POINT　関節リウマチの診断基準

以下の7項目のうち4項目以上を満たすとき関節リウマチと診断。
① 朝のこわばり⇨起床時の関節とその周囲で1時間以上持続
② 3か所以上の関節炎
③ 手関節炎⇨関節の変形（尺側偏位・ボタン穴変形・スワンネック変形）
④ 対称性関節炎
⑤ リウマトイド結節
⑥ リウマトイド因子
⑦ エックス線の変化

■ 関節リウマチでは，主に夕方になると，手を思うように動かせないなどの症状がある。 …×

■ 関節リウマチでは，手指などの小関節は変形するが，ひざやひじなどの大関節は変形しない。 …×

※朝のこわばりが特徴。

## 107

# 筋萎縮性側索硬化症の陰性（みられない）所見

隕石　外　少　女，僕ん　ちの　近く
❶　　❷　❸　❹　❺　　❻　　❼

❶ 筋萎縮性側索硬化症の陰性所見
❷ 外眼筋麻痺
❸ 小脳障害
❹ 褥　瘡
❺ 膀胱直腸障害
❻ 知能低下（認知症）
❼ 知覚障害

## CHECK WORD

❶ <u>いんせき</u> ⇒ 筋萎縮性側索硬化症の陰性所見

❷ <u>外</u> ⇒ 外眼筋麻痺

❸ <u>しょう</u> ⇒ 小脳障害

❹ <u>じょ</u> ⇒ 褥瘡

❺ <u>ぼくん</u> ⇒ 膀胱直腸障害

❻ <u>ちの</u> ⇒ 知能低下（認知症）

❼ <u>ちかく</u> ⇒ 知覚障害

筋萎縮性側索硬化症（ALS）では運動ニューロンが侵されますが，知覚神経や自律神経は侵されないので，知覚症状，自律神経症状（膀胱直腸障害，褥瘡），小脳症状（運動失調），外眼筋麻痺（眼瞼下垂，複視），CK↑，知能低下（認知症）はみられません。

## POINT　　筋萎縮性側索硬化症（ALS）とは？

40～50歳代の男性に多く発症。上位（錐体路）と下位（脊髄前角細胞）の両方の運動ニューロンが障害されます。構語・嚥下障害，深部反射亢進，バビンスキー反射の出現，筋萎縮，筋線維側萎縮，呼吸障害などがあらわれます。この疾患に特異的な診断法は存在しないので，最終的には除外診断になります。つまり，陰性所見（ALSには診られない所見）がひとつでもあれば，筋萎縮性側索硬化症ではないことになります。

■筋萎縮性側索硬化症は，知能に障害を伴うことが多い。　…✕

■筋萎縮性側索硬化症では，嚥下障害がみられる。　…◯

■筋萎縮性側索硬化症は，SLEという。　…✕

■筋萎縮性側索硬化症は，運動ニューロンが障害され，球麻痺症状がみられる。　…◯

※SLEとは，全身性エリテマトーデスのこと。

# 右心不全

牛の 監視は, 刑事じゃ 不 服
① ② ③ ④ ⑤

① 右心不全
② 肝腫大
③ 頸静脈怒張
④ 浮　腫
⑤ 腹　水

## CHECK WORD

**❶ うしの** ⇒ 右心不全：心不全は心臓本来のポンプ作用が失われた状態をさし，右心と左心で異なる症状が出ます。右心不全では体循環系のうっ血によって浮腫が生じます。頸静脈怒張，肝腫大，夜間に尿量増加，下肢浮腫などがみられます。

**❷ かんしは** ⇒ 肝腫大：肝臓の大きさが，正常な範囲を超えて拡大すること。

**❸ けいじじゃ** ⇒ 頸静脈怒張：右心系の機能不全や静脈環流の障害，SVC症候群（肺癌，縦隔腫瘍）でみられます。

**❹ ふ** ⇒ 浮腫：運動負荷や夕方に増強する下肢の浮腫が特徴。

**❺ ふく** ⇒ 腹水：腹膜の炎症や肝臓・心臓・腎臓の疾患などにより腹腔内にたまった液体。

## POINT　心不全の機能分類（MYHA 分類）

【クラスⅠ】身体活動の制限はない（日常生活で呼吸困難・易疲労感なし）

【クラスⅡ】身体活動の軽度制限（日常生活で呼吸困難・易疲労感あるが，安静では無症状）

【クラスⅢ】身体活動の高度制限（軽い日常生活で呼吸困難・易疲労感がある。安静では無症状）

【クラスⅣ】安静でも呼吸困難・易疲労感があり，少しの身体活動で症状増悪

---

■心不全では，浮腫がみられる。　　　　　　　　　…○

■呼吸困難は，右心不全の特徴である。　　　　　　…×

■頸静脈の怒張は，右心不全の徴候である。　　　　…○

# 左心不全

サッシから　排水
❶　　　　　❷

❶ 左心不全
❷ 肺水腫

### CHECK WORD

❶ サッシから ⇒ 左心不全：左心不全では肺循環系のうっ血による呼吸困難（起坐呼吸が特徴）が生じます。肺うっ血や肺水腫による換気不全による呼吸困難・喘鳴，チアノーゼ，湿性ラ音，泡沫状喀痰など，全身の血流量低下による易疲労感，尿量減少などが特徴です。

❷ はい水 ⇒ 肺水腫：肺の組織に体液がたまった状態。心不全に伴う肺うっ血などで生じ，呼吸困難や泡沫状の痰などの症状がみられます。

### POINT　　　　　　　　　　　　　　　右心不全と左心不全

|  | 右心不全 | 左心不全 |
|---|---|---|
| 病態 | 右心系機能不全⇨大静脈うっ滞⇨中心静脈圧↑ | 左心系機能不全⇨心拍出量↓，肺静脈うっ滞⇨肺うっ血⇨肺水腫 |
| 症状 | 上大静脈圧↑⇨頸静脈怒張<br>下大静脈圧↑⇨下肢の浮腫，腹水貯留 | 心拍出量↓⇨血圧↓<br>肺うっ血（左房圧↑）⇨呼吸困難，湿性ラ音，泡沫状喀痰 |

■腹水は，急性左心不全で特徴的である。　　…✕

■浮腫は，急性左心不全で特徴的である。　　…✕

■肺水腫は，急性左心不全で特徴的である。　…○

■肝腫大は，急性左心不全で特徴的である。　…✕

# 骨粗鬆症の原因

コツコツと　汗かいて，　運動不足の　ホモも　平気
❶　　　　　　❷　　　　　　❸　　　　　　❹　　　❺

❶ 骨粗鬆症の原因
❷ 安静臥床
❸ 運動不足
❹ 副腎皮質ホルモン
❺ 閉経後

## CHECK WORD

❶ <u>コツ</u>コツと ⇒ 骨粗鬆症の原因 ： 骨吸収が骨形成を上回ることによって骨量が病的に減少して発症します。骨量の低下と骨組織の微小構造の破綻によって小さな孔が軽石のように多数あき，骨強度が低下したため骨折危険率が増大します。

❷ <u>あせ</u>かいて ⇒ 安静臥床

❸ 運動不足の ⇒ 運動不足

❹ <u>ホモ</u>も ⇒ 副腎皮質ホルモン

❺ <u>へいき</u> ⇒ 閉経後

低骨量の危険因子として，①高齢，②女性，③家族歴，④小体格・やせと低栄養，⑤運動不足（不動性），⑥喫煙や過度のアルコール，⑦カルシウム摂取不足・ビタミンＤ不足・ビタミンＫ不足，⑧卵巣機能不全，⑨無出産歴，⑩副腎皮質ステロイド薬の服用，⑪胃切除例，⑫諸種疾患合併例（甲状腺機能亢進症，糖尿病など）があります。

医学一般

## POINT  骨粗鬆症とは？

骨粗鬆症は単一の疾患でなく，原発性骨粗鬆症と二次性骨粗鬆症とにわけられます。原発性骨粗鬆症のうち成長期以降にみられるものが圧倒的に多く，これを総称して退行期骨粗鬆症といいます。退行期骨粗鬆症はさらに閉経後骨粗鬆症と老人性骨粗鬆症とにわけられます。一方，二次性骨粗鬆症をきたす原因としては各種内分泌疾患，胃切除，ステロイド薬剤の服用などが知られています。

■ 骨粗鬆症の予防には，カルシウムの摂取，運動による骨形成，日光を浴びることによるビタミンＤの産生促進などが重要である。 …○

■ 閉経により，骨粗鬆症を発症しやすくなる。 …○

■ 骨粗鬆症は，廃用症候群のひとつである。 …○

# 特定疾患で多い順番 (平成18年)

特に 買いたい パ エリア
① ② ③ ④

① 特定疾患
② 潰瘍性大腸炎
③ パーキンソン病関連疾患
④ 全身性エリテマトーデス

## CHECK WORD

**❶ 特に** ⇒ 特定疾患：難病（❶原因不明，治療法未確立であり，かつ後遺症を残すおそれの少なくない疾病，❷経過が慢性にわたり，単に経済的な問題のみならず介護などに著しく人手を要するために家族の負担が重く，また精神的にも負担の多い疾病のこと）のうち，行政施策上から，特に定めて病因の究明や治療法の確立などを行う対象となる疾患のこと。45疾患が対象。患者数約56.5万人（平成18年度現在）。

**❷ かいたい** ⇒ 潰瘍性大腸炎：約8.5万人。

**❸ パ** ⇒ パーキンソン病関連疾患：約8.1万人。

**❹ エリア** ⇒ 全身性エリテマトーデス：約5.3万人。

## POINT 　　　　　　　　　　　　　　　特定疾患とは？

　特定疾患は❶症例が少ないために全国規模での研究によらないと対策が進まない，❷原因不明，❸効果的な治療法未確立，❹生活面への長期にわたる支障（長期療養を必要とする）の4つを満たす疾患の中から，原因究明の困難性，難治度，重症度および患者数などを総合的に勘案して決定されています。「難治性疾患克服研究事業」および「特定疾患治療研究事業」において全国規模の研究が進められています。

■平成11～14年度における医療受給者証の交付数の上位3位の特定疾患は，潰瘍性大腸炎，パーキンソン病，全身性エリテマトーデスである。 …○

## 尿失禁の分類

ナウでシックな　黄色の　服を　いつも　着る
① ② ③ ④ ⑤

① 尿失禁
② 機能性尿失禁
③ 腹圧性尿失禁
④ 溢流性尿失禁
⑤ 切迫性尿失禁

### CHECK WORD

❶ ナウでシックな ⇒ 尿失禁

❷ きいろの ⇒ 機能性尿失禁：排尿行動が行えずに生じる尿失禁です。膀胱や尿道の働きに異常はありませんが、ADLの低下や認知症などで排尿行動がスムーズにいかない場合などが例としてあげられます。

❸ ふくを ⇒ 腹圧性尿失禁：咳やくしゃみ、笑った時など腹圧がかかった場合に、尿道を収縮させる括約筋が反応できず、失禁が生じます。

❹ いつも ⇒ 溢流性尿失禁：尿が膀胱より十分に排出されないため、多量の尿が膀胱にたまってしまい、膀胱から溢れることによって生じる失禁です。

❺ きる ⇒ 切迫性尿失禁：トイレに行くまで我慢できずに失禁してしまいます。膀胱が勝手に収縮したり、膀胱の容量が減少することなどから生じます。

### POINT　排尿の仕組み

成人の1日の尿量は約600〜1,600㎖です。また、膀胱の容量は200〜500㎖で、膀胱に半分ほど尿がたまると尿意を感じ、大脳の指示により膀胱の収縮と尿道の弛緩が行われ排尿します。

- ■高齢の女性には、腹圧性尿失禁が起こりやすい。 …○
- ■尿失禁は、括約筋の機能低下によって、せき、くしゃみなど急に腹圧が加わった場合でも起こる。 …○
- ■切迫性尿失禁がある場合、介護従事者は、あらかじめその人にあった排尿援助の方法を検討しておく。 …○

## 113

# 寝たきり高齢者に生じやすい合併症

寝ずに 起きてて むくんだら キン・コン・カンと 鐘を打つ
❶　　❷　　　❸　　　　❹　　❺　　❻　　　❼

❶ 睡眠障害
❷ 起立性低血圧
❸ 浮　腫
❹ 筋委縮
❺ 骨がもろくなる
❻ 関接拘縮
❼ 反応性抑うつ状態

## CHECK WORD

❶ 寝ずに　　⇒睡眠障害：横になっているため生活のリズムがつくれず，夜眠れない状態になることがあります。

❷ 起きてて　⇒起立性低血圧：長期間横になったままでいると，収縮期血圧が低下し，起き上がったり，立ったりすると立ちくらみや吐き気が生じるものです。

❸ むくんだら⇒浮腫：間質（細胞と細胞の間）に水分がたまったもので，「むくみ」といわれるものです。

❹ キン　　　⇒筋委縮：筋肉を使わないために縮んでしまいます。

❺ コン　　　⇒骨がもろくなる：骨に対する刺激が少なくなることで骨がもろくなります。

❻ カンと　　⇒関節拘縮：関節を使わないことで硬くなり，動かしにくくなります。

❼ 鐘をうつ　⇒反応性抑うつ状態：寝たきりという状態に対して気持ちが沈みがちになります。

## POINT　　　重大な合併症

長期間寝たきりの状態にあると，先にあげた合併症のほかに，肺炎・尿路感染・褥瘡といった重大な合併症を引き起こす危険もあります。

### Question

■沈下性肺炎は，長期臥床により生ずる症状のひとつである。　…○

■静脈血栓症は，長期臥床により生ずる症状のひとつである。　…○

■高血圧症は，長期臥床により生ずる症状のひとつである。　…×

■関節拘縮は，長期臥床により生ずる症状のひとつである。　…○

■褥瘡は，長期臥床により生ずる症状のひとつである。　…○

# 日和見感染の病原体

和風　旅　館に　はいろう
① 　 ②　 ③　　 ④

① 日和見感染
② 緑膿菌
③ カンジダ
④ ニューモシスチス・イロベジー

## CHECK WORD

❶ 和風 ⇒ 日和見感染：健康な状態であれば，感染を起こすことのない弱毒菌や常在菌が原因で，免疫力の低下している患者が感染症を発症することがあり，これを日和見感染症と呼びます。

❷ りょ ⇒ 緑膿菌：グラム陰性桿菌で，自然界に広く分布し，病原性は弱いが，菌交代症・院内感染・日和見感染の原因となります。

❸ かんに ⇒ カンジダ：真菌の一種。カンジダを含めて，真菌は身体のあちこちに常在します。抵抗力が弱まると，異常増殖します。

❹ はいろう ⇒ ニューモシスチス・イロベジー：新たに真菌として分類されるようになった微生物。ヒト，哺乳類に不顕性感染し，免疫不全状態になると増殖します。なお，分類学的には，ヒトにニューモシスチス肺炎を起こす起因菌はニューモシスチス・イロベジーであることが最近明らかにされています。

## POINT　　　　　　　　　　　　　　日和見感染とは？

日和見感染は，院内感染の原因にもなり，注意が必要です。ゴロで取り上げた病原体のほかにも，多くの細菌・ウイルス・真菌が，日和見感染の原因になりますが，重要なものとして，この3つを覚えておけば十分です。

■緑膿菌は，日和見感染の原因となる。　…〇

■カンジダは，日和見感染の原因となる。　…〇

■インフルエンザウイルスは，日和見感染の原因となる。　…×

■エンテロウイルスは，日和見感染の原因となる。　…×

# 老年期の精神保健上の問題

問題なのは, 新規に 移った 爺さん
❶ ❷ ❸ ❹

❶ 精神保健上の問題
❷ 心気症候群
❸ うつ状態
❹ 自 殺

## CHECK WORD

❶ 問題なのは ⇒ 精神保健上の問題：老年期の心理社会的変化には，心理面で抑うつ傾向，心気傾向がみられ，高齢者特有の頑固・利己的な面もみせ，考え方が回りくどくなります。社会的側面でみると，これまで築いてきた地位や経済的基盤がなくなるため，自尊心が傷つき，対人関係が希薄となり社会的孤立に追い込まれることもあります。

❷ しんきに ⇒ 心気症候群：客観的に証明できるような器質的疾患がないのに，さまざまな身体的・精神的不調を訴えます。実際に病気がないことを説明しても訴えが軽減しません。

❸ うつった ⇒ うつ状態：抑うつ気分，思考制止，微小妄想（罪業・貧困・心気など），意欲の制止がみられます。

❹ じいさん ⇒ 自殺：近年，わが国で高年齢層の自殺が増加してきており，男女とも80歳以上で高率となっています（男51.4／女23.5〈人口10万対，2005，国民衛生の動向2007年〉）。

## POINT　　　　　　　　　　　　　　　　老年期の特徴

心気症とは，客観的に身体上の異常がないにも関わらず，自分は病気ではないかと過度に恐れている状態です。ただ，老年期になるとなんらかの慢性疾患を患っている場合が多いのも事実で，このことが病気に対して過敏になっている要因のひとつでもあります。

- ■高齢期の心理的問題は，身体的問題と密接な関係がある場合も多い。心理的援助においても，身体的問題をある程度アセスメントできる能力が求められる。 …○
- ■高齢者の疾患では，心理的・身体的な誘因により，精神神経症状が起こりやすい。 …○
- ■うつ病の高齢者は，医師の治療を受けるよりも，周囲が温かく見守り，励ますことが重要である。 …×

## 幻覚妄想状態が現れるもの

幻覚妄想は, うっ とう しい
❶　　　　　　❷　　❸　　❹

❶ 幻覚妄想状態
❷ うつ病
❸ 統合失調症
❹ 心因反応

## CHECK WORD

❶ 幻覚妄想は ⇒ 幻覚妄想状態 ：幻覚，妄想を主症状とする状態像をいいます。

❷ うっ ⇒ うつ病：抑うつ気分，微小妄想，意欲低下などを特徴とする気分や感情の障害をきたす精神疾患のひとつ。自殺企図があり，病初期と回復期には特に注意を要します。

❸ とう ⇒ 統合失調症：原因不明の精神疾患。思考障害や感情障害などの多彩な症状を呈します。

❹ しい ⇒ 心因反応：精神的原因で起きた心因性精神障害のうち，急激なストレスによるものをいいます。主なものに反応性精神病（妄想反応・感応精神病・拘禁反応または拘禁精神病）があります。

## POINT　　　　　　　　　　　　　　　幻覚・妄想とは？

【幻　覚】現実に存在しないものを存在するかのように知覚すること。幻視，幻聴，幻触，幻嗅，幻味，体感幻覚などがあります。

【妄　想】異常な確信に支えられた訂正できない観念のこと。一次妄想と二次妄想があります。一次妄想には妄想気分，妄想着想，妄想知覚などがあり，二次妄想には，微小妄想，罪業妄想，貧困妄想，心気妄想，誇大妄想，関係妄想，嫉妬妄想などがあります。

■大うつ病は，妄想を呈することはない。　　　　　　　　　…✕

■統合失調症では，一次妄想がみられることは少ない。　　　…✕

■老年期のうつ病では，貧困妄想や心気妄想がみられる。　　…○

■うつ病では，誇大妄想がみられる。　　　　　　　　　　　…✕

※誇大妄想は，躁状態などでみられる。

# 統合失調症に現れやすいもの

とうとう，トンマな　理事と　寒い　関係もつ
❶　　　　　❷　　　　❸　　　❹　　　❺

❶ 統合失調症
❷ 感情鈍麻
❸ 離人体験
❹ 作為体験
❺ 関係妄想

## CHECK WORD

❶ <u>とうとう</u> ⇒ 統合失調症：発症率は精神疾患で最多。15〜35歳の比較的若い時期に発病し，症状には陽性症状（幻覚，妄想，させられ（作為）体験，昏迷，緊張病性興奮など）と陰性症状（感情鈍麻，意欲減退，無為自閉，離人体験など）があります。

❷ <u>トンマ</u>な ⇒感情鈍麻：感情に喜怒哀楽が乏しくなります。

❸ <u>りじと</u> ⇒離人体験：周囲のものが実感を伴ってみられない状態です。

❹ <u>さむい</u> ⇒作為体験：自分の思考や行為が他者にさせられていると感じる体験です。

❺ 関係もつ ⇒関係妄想：自分に関係ない出来事を自分に関係づけて考える妄想です。

## POINT　　　　　　　　　　　　　　　　　統合失調症の病型

|  | 破瓜型 | 緊張型 | 妄想型 |
|---|---|---|---|
| 発症時期 | 思春期 | 20歳前後 | 20歳代後半以降 |
| 経　過 | ゆっくり始まり徐々に進行 | 急性に始まり再燃をくり返す | ゆっくり始まり徐々に進行 |
| 主症状 | 感情鈍麻，意欲低下，自閉傾向 | 昏迷，興奮 | 幻覚（幻聴），妄想 |
| 予　後 | 最も不良 | 比較的良好 | 不良 |

■統合失調症の症状は，幻覚，妄想を主とした陽性症状と，感情の平板化，意欲の欠如などを主とした陰性症状とに大きくわけられる。　…○

■統合失調症では，思考化声がみられる。　…○

■統合失調症では，思考制止がみられる。　…×

※思考制止は，うつ病などでみられる。

… 118

## うつ状態の妄想

うる　さい　新　品，ビショビショ
❶　　❷　　❸　❹　　❺

❶ うつ状態の妄想
❷ 罪業妄想
❸ 心気妄想
❹ 貧困妄想
❺ 微小妄想

## CHECK WORD

❶ <u>うる</u> ⇒ うつ状態の妄想 ：妄想とは異常な確信に支えられた訂正できない観念のこと。一次妄想と二次妄想があります。うつ状態では二次妄想（妄想の発生が心理的に理解できる妄想）である微小妄想（罪業・貧困・心気）などが特徴的です。

❷ <u>さい</u> ⇒ 罪業妄想：自分が道徳に反し，他人に迷惑をかける罪深い存在であると思う妄想です。

❸ <u>しん</u> ⇒ 心気妄想：自分が治る見込みのない重い病気になっているとの妄想です。

❹ <u>ぴん</u> ⇒ 貧困妄想：自分が事業に失敗し財産を失うなどして，貧乏になり路頭に迷うという妄想です。

❺ ビショビショ ⇒ 微小妄想：自分の能力や地位，財産などを極めて過少に評価し，それを確信する妄想です。

## POINT　　うつ状態（うつ病）とは？

うつ状態では，抑うつ気分，思考制止，微小妄想（罪業・貧困・心気など），意欲の制止があり，身体症状は躁病に比べ，便秘，尿閉，食欲不振などといった多彩な症状がみられ，日内変動（午前中は悪く，午後以降軽快する）があります。

■躁うつ病では，意識障害がみられる。　…×

■老年期うつは，不安・焦燥傾向を示しやすい。　…○

■うつ病では，滅裂思考がみられる。　…×

■うつ病では，意欲低下がみられる。　…○

※滅裂思考は，統合失調症などでみられる。

## 心身症

新書が 溢れるほど, みえる 本棚
❶       ❷           ❸      ❹

❶ 心身症
❷ 再発性アフタ性口内炎
❸ メニエール病
❹ 本態性高血圧

### CHECK WORD

**❶ しんしょが** ⇒ 心身症：身体的疾患の中で，心理的，社会的な因子が発症や経過に強く関係しているもの。神経症やうつ病などに伴う身体症状は心身症とはいいません。有名な以下の3疾患を覚えましょう。

**❷ あふれるほど** ⇒ 再発性アフタ性口内炎：中央部が浅くくぼんだ白っぽい潰瘍が，何度も繰り返しできる口内炎のこと。

**❸ みえる** ⇒ メニエール病：内耳からくる回転性のめまい，難聴，耳鳴りが特徴。また吐き気（嘔吐）を伴う場合もあります。

**❹ ほんだな** ⇒ 本態性高血圧：遺伝（的）因子と生活習慣（環境因子）が複雑に絡み合って発病すると考えられる原因を特定できない高血圧のこと。

### POINT　　　　心身症のその他の疾患

円形脱毛症，頭痛症候群／甲状腺機能亢進症／過呼吸性テタニー，気管支喘息／冠動脈硬化，心筋梗塞，狭心症／神経性食思（欲）不振症，肥満，胃・十二指腸潰瘍，潰瘍性大腸炎，過敏性腸症候群／そう痒症，多汗，じんま疹，神経皮膚炎／リウマチ性関節炎　など

■心身症は，転換型ヒステリーともいわれる。　　…×

■メニエール病は，心身症である。　　…○

■特発性血小板減少性紫斑病は，心身症である。　　…×

## 120

# 要介護となった主な原因

用かい？坊や　No といわれて　衰える　店頭の　兄ちゃん
❶　　　　　　❷　　　　　　　❸　　　❹　　　❺

❶ 要介護となった原因
❷ 脳血管疾患
❸ 高齢による衰弱
❹ 骨折・転倒
❺ 認知症

## CHECK WORD

1. ようかい？坊や ⇒ 要介護となった原因 :65歳以上の要介護者となった主な原因。
2. No といわれて ⇒ 脳血管疾患：26.7%
3. 衰える ⇒ 高齢による衰弱：16.3%
4. てんとうの ⇒ 骨折・転倒：10.8%
5. にいちゃん ⇒ 認知症：10.7%

＊構成割合の数値は2004（平成16）年「国民生活基礎調査」によります。

## POINT　要介護となった主な原因

①脳血管疾患，②高齢による衰弱，③骨折・転倒，④認知症，⑤関節疾患（リウマチなど）。また，性別でみてみると，男性の場合，要介護となった原因として脳血管疾患が4割ほどを占め，特に高くなっています。

■厚生労働省の「介護サービス世帯調査」（平成12年）によると，介護保険法の要支援者または要介護者と認定された人について，手助けや見守りが必要となった主な原因についてみると，脳血管疾患が最も多い。

…○

## 身体不調を疑う体温の目安

5分で　大安
❶　　　❷

❶ 0.5℃ 以上
❷ 体温

### CHECK WORD

① 5分で　⇒ 0.5℃ 以上

② たいあん ⇒ 体温

平均体温と比べて0.5℃以上高い，もしくは低い時は，身体不調の可能性を考え，本人に不快感がないかどうか，肌や顔色に変化がないかを確かめます。

### POINT　　　　　　　　　　　　　　　高齢者の体温

高齢者はおおむね体温が低くなる傾向にあります。介護者の生活の範囲内で平熱かどうかを判断するのではなく，本人の体温の平均値を知っておいたうえで，体温の高い・低いを判断する必要があります。

介護技術

■高齢者の体温は，室内の温度環境には影響されない。　　…✕

■高齢になると，一般的に体温は高くなる。　　　　　　　…✕

※体温は，いろいろな条件によって変動する。特に高齢者は外部環境への適応が遅いので，室内の温度環境に影響されやすい。

## 福祉用具導入の目的

安全に　会合を守る　甲殻類
❶　　　　❷　　　　　❸

❶ 安全の確保
❷ 介護者の保護
❸ 行動範囲の拡大

### CHECK WORD

① 安全に　　　⇒ 安全の確保：福祉用具を適切に用いることで利用者の安全を確保することができます。
② かいごうを守る ⇒ 介護者の保護：介護者の介護に伴う身体の負担を軽減し，腰痛などを防止します。
③ こうかく類　⇒ 行動範囲の拡大：利用者の行動範囲を広げることができます。

### POINT　　　　　　たかが道具されど道具

　福祉用具は目覚ましい効果を上げることもある反面，すべての利用者や条件下でそのような効果をいつも発揮するわけではありません。道具としての限界を有していることも確かです。そのような限界を持っていることを考慮に入れながらもうまく使っていきたいものです。

■福祉用具は，利用者の自立を支援するためのものであり，介護者の負担を軽減するためのものは含まない。　…×

■福祉用具の活用については，理学療法士や作業療法士等の専門職の助言を得ることが望ましい。　…〇

## 123

## トイレの整備の留意点

| 洋 | 行帰りの | ひきがえるに | 相当 | 親近 | 感 |
|---|---|---|---|---|---|
| ❶ | ❷ | ❸ | ❹ | ❺ | ❻ |

❶ 洋式便器
❷ コールスイッチの設置
❸ 引き戸
❹ 外開きドア
❺ 寝室の近く
❻ 寒暖差に注意

## CHECK WORD

❶ <u>洋</u> ⇒ 洋式便器:便器は下肢に負担がかからない洋式便器が望ましいです。

❷ <u>こう帰りの</u> ⇒ コールスイッチの設置:トイレで利用者が倒れた場合など,非常時に備えます。

❸ <u>ひきがえるに</u> ⇒ 引き戸 ⎫
　　　　　　　　　　　　　　　トイレの中で利用者が倒れてしまった場
　　　　　　　　　　　　　　⎬ 合,内側に開くドアでは利用者にぶつか
❹ <u>そうとう</u> ⇒ 外開きドア ⎭ ってしまい,ドアが開けない危険があります。

❺ <u>しん近</u> ⇒ 寝室の近く:トイレはなるべく寝室に近い場所に設置します。

❻ <u>かん</u> ⇒ 寒暖差に注意:寒い季節では,居室とトイレの寒暖差が激しく,利用者が倒れる原因ともなります。状況に応じて,暖房器具の設置が必要となります。

## POINT　　　　　　　　　　　　　　　　　　　　トイレの整備

排泄は食事や睡眠などと並び,日常生活を維持するうえで必要となる基本的な動作のひとつです。ゆえに利用頻度の高いトイレを利用者の状況に応じて適切に整備することは,利用者のみならず,介護者にとっても負担の大きな軽減になります。

介護技術

---

■トイレの手すりは,狭くなるのでつけないほうがよい。　　…×

■トイレの戸は,開き戸の場合,外側に開くものが望ましい。　…○

■トイレまでの廊下に障害物があったので,取り除いて歩きやすくした。　…○

## 124

# MRSAに感染した利用者の寝具管理

マーサ　神宮の　お百度　アワー
❶　　　❷　　　❸　　　❹

❶ MRSA
❷ 寝具
❸ 100℃
❹ 1時間

## CHECK WORD

- ❶ マーサ ⇒ MRSA
- ❷ じんぐうの ⇒ 寝具
- ❸ お百度 ⇒ 100℃
- ❹ アワー ⇒ 1時間

MRSAに感染した利用者のマットレスや毛布などの寝具は，布団乾燥機で100℃で1時間加熱処理します。

## POINT　　　　　　　　　　　　　　　　　MRSA

抗生物質に対する抵抗力を持つブドウ球菌のことで，メチシリン耐性黄色ブドウ球菌のことです。病院や高齢者施設で感染が多いため，介護従事者は感染の拡大防止に関する知識についても整理しておく必要があります。

介護技術

- ■MRSA感染症は，基礎疾患のある者に発症することが多い。　…○
- ■MRSAの病原性は，非常に強い。　…×
- ■MRSAは，院内感染の原因菌となる。　…○
- ■MRSAは，接触感染することが多い。　…○
- ■利用者がMRSAに感染した場合，介護従事者は使い捨てのマスク，手袋等を着用し対応する。　…○

## ボディメカニクスの原則

大金 まとめて 水兵に 接近 広い支持得て 抵抗受けず おしとやかに成功
❶　　❷　　　❸　　　❹　　❺　　　　　❻　　　　❼

❶ 大きい筋群を用いる
❷ 利用者の体を小さくまとめる
❸ 水平移動
❹ 利用者にできるだけ接近する
❺ 支持基底面を広く取る
❻ てこの原理
❼ 腰と肩は平行に

## CHECK WORD

❶ 大きん　　　　⇒大きい筋群を用いる：安定して大きな力を出すことができ，疲労しにくくなります。

❷ まとめて　　　⇒利用者の体を小さくまとめる：移動が楽になり，摩擦が小さくなります。

❸ 水へいに　　　⇒水平移動

❹ 接近　　　　　⇒利用者にできるだけ接近する

❺ 広い支持得て　⇒支持基底面を広く取る：支持基底面を広く取ることで安定した姿勢になります。

❻ ていこう受けず⇒てこの原理：てこの原理を応用します。

❼ おしとやかにせいこう⇒腰と肩は平行に：姿勢が安定し十分に力を入れることができます。また，腰痛防止にもなります。

## POINT　　　　　　　　　　　　　　ボディメカニクス

骨格系・関節系・筋系・神経系などの各系間の相互関係のことをさします。正しいボディメカニクスにより，小さな力で大きな力を得ることができ，体に対する負荷を軽くします。介護を受ける人と介護者の安全と安楽のためにもボディメカニクスを理解し，正しく活用することが必要です。

- ■腰痛は，体型や介護時の姿勢に関係なく生じ，筋力を鍛える体操でも予防できない。　　…×
- ■端座位から立位への介助時，立位にする前に，足の裏全体が床についていることを確認しておく必要がある。　　…○

## 126

## 車いすの移動が可能な廊下幅

クリスマス　箱から　飛び出し　パオーンと　ローカル線
❶　　　　　❷　　　　❸　　　　　❹　　　　　❺

❶ 車いす
❷ 850mm以上
❸ 扉開口部
❹ 800mm以上
❺ 廊　下

## CHECK WORD

1. <u>クリスマス</u> ⇒ 車いす
2. <u>箱から</u> ⇒ <u>850mm以上</u>
3. <u>とびだし</u> ⇒ 扉開口部
4. <u>パオーンと</u> ⇒ <u>800mm以上</u>
5. <u>ローカル線</u> ⇒ 廊下

車いすが通るためには廊下幅が850mm以上必要となります。

また，扉の開口部は800mm以上必要です。

## POINT 　　　廊下の整備

転倒防止のために，段差を設けない，滑りにくい床材を使用する，手すりをつけるといった整備が必要になります。

■車いすは要介護者を移動させることが目的なので，介護従事者の身体にあった車いすを選択する。 …×

※車いすは個別の障害状況と用途によって選択される。

## 127

# 誤嚥しやすい食物

| ごめん | もちろん | 卵を | 今夜食う |
| --- | --- | --- | --- |
| ❶ | ❷ | ❸ | ❹ |

❶ 誤嚥
❷ 餅類
❸ 生卵
❹ こんにゃく

## CHECK WORD

1. ごめん ⇒ 誤嚥
2. もちろん ⇒ 餅類
3. 卵を ⇒ 生卵
4. こんやくう ⇒ こんにゃく

誤嚥とは食べ物や水分，胃の中のものや唾液といったものを誤って気管や肺へと吸い込んでしまうことです。誤嚥しやすい食べ物に餅類，生卵，こんにゃくなどがあります。

## POINT　　刻み食はとろみをつけて

　刻み食は，バラバラの粒状で口に入るので誤嚥しやすいといわれます。刻み食にする場合には，あんかけにするなどとろみをつけたものにすると誤嚥しにくくなるといわれています。

■生卵，こんにゃくは誤嚥しにくい。　　…✕
■食事介助で，誤嚥する可能性のある利用者の場合は，とろみをつけるなど，工夫するとよい。　　…○

## 128

# 嚥下性肺炎の予防のポイント

寝ぐせは入れん　座椅　子　航空
❶　　　　　　　 ❷　　❸　❹

❶ 嚥下性肺炎
❷ 座　位
❸ 水分補給
❹ 口腔ケア

### CHECK WORD

1. ねぐせははいれん ⇒ 嚥下性肺炎
2. 座い ⇒ 座位：仰臥位や側臥位にくらべ、座位では誤嚥しにくくなります。
3. す ⇒ 水分補給：水分が補給されずに不足すると、唾液の分泌が落ち口腔内の自浄作用が期待できないばかりか、痰の粘度が増し、吐き出しにくくなります。
4. こうくう ⇒ 口腔ケア：口腔内を清潔に保ち、唾液の分泌を促進します。

### POINT　　　　　　　　　　　　　　嚥下性肺炎

　高齢者の肺炎の多くは、食物や唾液が気管に入って生じる嚥下性肺炎（誤嚥性肺炎）が原因だといわれています。そのため、口腔ケアが重要となります。

■口腔ケアは、肺炎発症の危険性を減少させる。　　…○
■高齢者は嚥下反射の低下により、誤嚥性肺炎を起こしやすい。　　…○
■誤嚥により起こる肺炎を沈下性肺炎という。　　…×

※長期間寝たきり状態が続き、肺の背面にうっ血が生じて起こるのが沈下性肺炎。

# 口腔ケアの目的

公園内は　牛　だらけ　おいしい　廃園
　❶　　　❷　　❸　　　❹　　　❺

❶ 口内炎
❷ う歯（虫歯）
❸ 唾液分泌の促進
❹ 食欲増進
❺ 嚥下性肺炎の予防

### CHECK WORD

❶ こうえん内は ⇒ 口内炎　｜　口内炎やう歯などの疾患の予防を図りま
❷ うし　　　　⇒ う歯（虫歯）｜　す。

❸ だらけ　　　⇒ 唾液分泌の促進：唾液が分泌されることにより口腔内の自浄作用が行われます。食べ物をスムーズに飲み込むことができます。

❹ おいしい　　⇒ 食欲増進：口腔内をさっぱりさせることで食欲がわきます。

❺ はいえん　　⇒ 嚥下性肺炎の予防：嚥下性肺炎を予防します。

### POINT　嚥下障害がある利用者に対する口腔ケア

嚥下障害がある利用者に対しては、座位をとり、気管に水分がいかないように注意しながら行います。

■ 口腔ケアは、肺炎予防には効果がない。　　　　　　　　　　　…✕

■ 口腔を清潔に保つことは、誤嚥性肺炎の予防につながる。　　　…◯

■ 口腔内は細菌が繁殖しやすいので、感染予防のためにも、口腔を清潔に保つことは大切である。　　　　　　　　　　　　　…◯

## 治療食の種類

流　刑地は　何　円？
❶　❷　　　❸　❹

❶ 流動食
❷ 経腸栄養
❸ 軟　食
❹ 減塩食

### CHECK WORD

❶ 流　　⇒流動食：流動体で繊維の少ない食物です。
❷ けいちは⇒経腸栄養：胃や腸へ直接流しこむ栄養のことです。
❸ なん　⇒軟食：お粥などに代表される消化のよい食物です。
❹ えん　⇒減塩食：健康な人の1日の平均塩分使用量よりも少ない塩分の量を用いて作られる食事です。

### POINT　　　　　　　　　　　　　　　　　治療食

病気の治療において活用される食事のことで，特定の栄養素の摂取をコントロールしたり，消化吸収を容易にしたりするものです。

介護技術

■経腸栄養とは，水分を多く含ませた治療食のことである。　…×

■軟食とは，消化のよい食物のことで，代表的なものにお粥がある。　…◯

※経腸栄養は，胃や腸に直接流しこむ栄養のことである。

## 睡眠環境

夏の 双子が 群れで 冬に 登校
❶    ❷    ❸    ❹   ❺

❶ 夏
❷ 25℃
❸ 60%
❹ 冬
❺ 15℃

### CHECK WORD

❶ 夏の　⇒夏 ┐ 夏の夜間の室温はおおむね 25℃ 程度が適当とされて
❷ 双子が ⇒25℃ ┘ います。
❸ 群れで ⇒60%：夜間の湿度は 60% 程度が適当とされています。
❹ 冬に　⇒冬 ┐ 冬の夜間の室温はおおむね 15℃ 程度が適当とされて
❺ 登校　⇒15℃ ┘ います。

### POINT　　　　　　　　　　睡眠を促す環境

　先にあげた温度と湿度に加え，睡眠に影響を与えるものとして，明るさ，音，匂い，寝室の広さや色調があります。

■空腹や身体の冷えは，入眠の妨げになる。　　…○

## 入浴介助の注意点

温 水で 安 心できる 時間
❶　❷　 ❸ ❹　　　 ❺

❶ 温　度
❷ 水分補給
❸ 安　全
❹ 身体状況
❺ 所要時間

### CHECK WORD

1. 温 ⇒ 温度：室温と湯音が適切な温度となるように気をつけます。
2. 水で ⇒ 水分補給：入浴により発汗しますので，入浴後は水分補給をするようにします。
3. 安 ⇒ 安全：浴槽で滑ったり，バランスを崩して倒れたりしないよう設備や用具を準備します。
4. しんできる ⇒ 身体状況：入浴の前に体温・脈拍・呼吸を確認します。
5. 時間 ⇒ 所要時間：時間がかかりすぎると体力を消耗することになります。

### POINT　　身体状況の確認

入浴前に体温・脈拍・呼吸といった身体状況を確認する必要がありますが，高齢者の場合，体調の異常がそうしたバイタルサインにはっきりと反映されないことがあります。バイタルサインに異常がなくとも，体調がすぐれない，気分がすぐれないと利用者が訴える場合，入浴を避けた方が賢明です。

- ■入浴前には，利用者に入浴の意思を確認し，健康状態の観察を行う。 …○
- ■冬期は，居室，脱衣場，浴室の温度差が大きくならないようにあらかじめ暖めておく。 …○
- ■シャワーは，必ず介護職員自身の肌で温度を確認して使用する。 …○
- ■入浴後は疲労しているため，エネルギーを消耗させないように水分補給を控える。 …×

# 入浴時の室温と湯温

西の　部屋で　塩　風呂
❶　　❷　　　❸　❹

❶ 24℃
❷ 室温
❸ 40℃
❹ 湯温

### CHECK WORD

1. 西の ⇒ 24℃
2. 部屋で ⇒ 室温

脱衣室・浴室は 24℃ 程度が適温です。

3. 塩 ⇒ 40℃
4. 風呂 ⇒ 湯温

湯温は 40℃ 程度が適温です。ただし，血圧の高い人は若干低め（37〜39℃）にします。

### POINT　　　　　　　　　　　　　　降圧剤

　降圧剤を服用している利用者の場合，服用後すぐに入浴すると血圧が急激に低下することがあります。服用後すぐの入浴は避け，1時間ほど時間をおいてから入浴するようにします。

介護技術

■高齢者が入浴するときの湯温は，季節や状態等にもよるが，一般に 40℃ 程度である。　…○

## 爪の管理

週に一度は　寝入る　虫
❶　　　　　❷　　　❸

❶ １週間に１度
❷ 爪
❸ 蒸　す

### CHECK WORD

❶ 週に一度は ⇒ <u>1週間に1度</u>：爪が長くなってから切ると，それまでに爪で体に傷をつけてしまうこともあり，また，深爪をしてしまう原因にもなります。1週間に1度を目安に爪を切るようにします。

❷ ねいる ⇒ 爪 ｜ 爪を切る前に蒸しタオルなどで蒸すと爪が柔らか
❸ むし ⇒ 蒸す ｜ くなり，切りやすくなります。

### POINT — 巻爪

巻爪などの場合，無理に切ろうとせずに医師や看護師などに相談しましょう。

- ■清潔の保持やけがの予防のため，利用者の爪は，1か月に1回切ることが望ましい。 …×
- ■巻爪の処置は，医師や看護師などに相談してから行う。 …○

※1週間に1回が目安。

## 135

# 湯たんぽを用いる際の留意点

離れて　行こう　矢の　田んぼ
❶　　　 ❷　　　 ❸　　❹

❶ 離　す
❷ 15cm
❸ 80℃
❹ 湯たんぽ

### CHECK WORD

① 離れて ⇒ 離す
② 行こう ⇒ 15cm
③ 矢の ⇒ 80℃
④ たんぽ ⇒ 湯たんぽ

温あん法のひとつに湯たんぽがあります。用いる際には，湯温は80℃程度，10cmから15cm程度離して使います。

### POINT 湯たんぽの外側温度

湯たんぽのカバーの外側は，45℃以上にならないように気をつけます。

■湯たんぽはカバーで覆い，身体から10〜15cm離した位置に置く。 …○

# 褥瘡の好発部位

女装する 選 手を 抱いて 結構
❶   ❷  ❸   ❹   ❺

❶ 褥瘡の好発部位
❷ 仙骨部
❸ 踵骨部
❹ 大転子部
❺ 肩甲骨部

## CHECK WORD

❶ じょそうする ⇒ 褥瘡の好発部位

❷ せん ⇒ 仙骨部

❸ しゅを ⇒ 踵骨部

❹ だいて ⇒ 大転子部

❺ けっこう ⇒ 肩甲骨部

褥瘡は俗に床ずれといわれるもので，長期臥床で同じ体位を続けていると身体局所に圧迫が生じ組織の壊死をきたし，これに摩擦が加わり皮膚が損傷します。好発部位は仰臥位では後頭部，肩甲骨部，肘頭部，仙骨部，踵骨部。側臥位では大転子部，外果部。車いすで座位を続けると坐骨部と肘頭部です。

## POINT 褥瘡の好発部位

〈仰臥位〉後頭部／肩甲骨部／肘頭部／坐骨（主に座位）／仙骨部／踵骨部

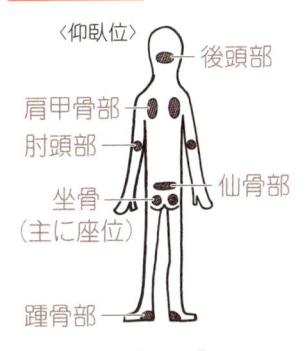

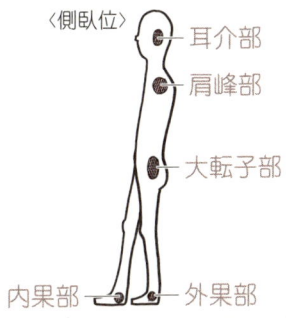

〈側臥位〉耳介部／肩峰部／大転子部／内果部／外果部

- ■褥瘡の好発部位は，仙骨部等の体重がかかって持続的に圧迫される骨の突出部である。 …○
- ■仰臥位で寝たきりの場合，褥瘡の好発部位は大転子部である。 …×
- ■長期仰臥位の状態が続くと，臀部に褥瘡が起こりやすい。 …×
- ■褥瘡は，仰臥位では仙骨部に好発する。 …○

※仰臥位の場合は，後頭部，肩甲骨部，仙骨部，踵骨部，肘頭部である。

# 褥瘡の深達度

死んだ 赤い ピラニア 全部 危険
❶    ❷   ❸    ❹   ❺

❶ 褥瘡の深達度
❷ 発赤（ステージⅠ）
❸ びらん（ステージⅡ）
❹ 皮膚全層の潰瘍（ステージⅢ）
❺ 筋・腱・骨におよぶ（ステージⅣ）

### CHECK WORD

❶ しんだ ⇒ 褥瘡の深達度：褥瘡がどの程度深く達しているかの判定。

❷ 赤い ⇒ 発赤（ステージⅠ）：圧迫を除去したあと，30分経過しても発赤がとれない状態。

❸ ピラニア ⇒ びらん（ステージⅡ）：皮下組織におよばない表皮のびらん／真皮までにとどまる程度の潰瘍。

❹ 全部 ⇒ 皮膚全層の潰瘍（ステージⅢ）：皮下組織にいたる皮膚全層におよぶ潰瘍／壊死組織やポケット状の褥瘡。

❺ きけん ⇒ 筋・腱・骨におよぶ（ステージⅣ）：皮下組織を超えて筋肉，腱，骨までに達する褥瘡。

### POINT　　　　　　　　　　　　　褥瘡の原因・症状

◎知覚・運動障害，安静治療⇨同一体位の継続⇨身体局所の圧迫・摩擦⇨局所循環不全
◎排泄物による皮膚の不潔・湿潤
◎全身状態悪化（低栄養状態など）
◎発赤，腫脹，水疱，硬結，びらん・潰瘍，壊死

■発赤は，褥瘡の深達度でステージⅠである。　　…〇

■びらんは，褥瘡の深達度でステージⅢである。　…×

■終日寝たままであることと，身体の清潔保持が困難であることから，褥瘡が発生する。　…〇

■褥瘡予防のため，定期的な体位変換を行う。　…〇

# 食間薬の服用時間

食後に　兄さん　ショッカーに
❶　　　　❷　　　　❸

❶ 食　後
❷ 2〜3時間
❸ 食間薬

### CHECK WORD

❶ <u>食後</u>に　　⇒食後

❷ <u>兄</u>さん　　⇒2～3時間

❸ <u>ショッカー</u>に　⇒ 食間薬

食間薬とは，食後2～3時間後に服用するものです。食事の最中に服用と誤解されることもありますが，食事と食事の間に服用するため，食間薬と呼ばれます。

### POINT　医薬品の保存方法

特に保存方法についての注意が記されていない医薬品は，室温（1～30℃）で保管し，直射日光のあたらない場所に置きます。

- ■湿気を嫌う常備薬は，缶等に入れて保管するように助言する。　…○
- ■直射日光や暑さで薬の成分が変質することがあるので，冷暗所に保管するよう助言する。　…○

## 気道内異物除去の方法

背部　ハイムリッヒ　避暑地ホー♪
❶　　❷　　　　　❸

❶ 背部叩打法(はいぶこうだほう)
❷ ハイムリック法
❸ 指拭法(ししょくほう)

### CHECK WORD

❶ 背部　　⇒背部叩打法：対象となる人の頭をできるだけ低くして，片方の手で胸を支え，もう片方の手で肩甲骨の間をたたきます。

❷ ハイムリッヒ　⇒ハイムリック法（側胸下部圧迫法・上腹部圧迫法）：対象となる人を後ろから抱えるように上腹部の前で腕を組み合わせ，左右の脇腹を瞬間的に強く引き絞ります。

❸ ひしょちホー　⇒指拭法：対象となる人の顔を横に向け，人差し指にハンカチや布を巻きつけて口の中の異物を取り除く方法です。

### POINT　　　　　　　　　　　　　異物除去の方法

気道の異物除去の方法は，先にあげたように直接物理的な刺激を与えて異物を取り出すものと，肺の中の空気を押し出す力で異物を除去するものとがあります。

■気道の異物による窒息の場合には，肺を下方から圧迫し，肺内圧を高めて異物を喀出させる。　…○

※ハイムリック法のこと。

# やけど手当の注意点

大王　厚い　服で　着ぶくれ
❶　　❷　　❸　　❹

❶ 体温の低下
❷ 水圧をかけない
❸ 着衣の上から
❹ 水ぶくれをつぶさない

### CHECK WORD

❶ だいおう ⇒ 体温の低下：冷たい水で やけど を冷やすことで，体温が低下することがあります。体温を測りながら冷やし，場合によれば患部以外を保温する必要もあります。

❷ あつい ⇒ 水圧をかけない：患部に直接水圧がかからないように注意します。

❸ 服で ⇒ 着衣の上から：着衣の上から火や熱湯にさらされた場合，着衣を無理に取ろうとせず，着衣の上から冷たい水をかけて冷やします。

❹ 着ぶくれ ⇒ 水ぶくれをつぶさない：水ぶくれができてもつぶさないようにします。

### POINT　　　　　　　　　　やけどの表面積と重症度

身体の表面積20～30％以上にわたるやけどは重症と判断されます。医療機関における迅速な処置が必要です。

---

■着衣の上から熱湯を浴びたときは，着衣の上から冷水または氷水で冷やす。　…〇

■広範囲な熱湯傷が生じた場合には，衣類を着けたまま，患部を水で冷やす。　…〇

■やけどは，患部を冷やすよりもガーゼや包帯で覆う。　…×

141

# 視覚障害者に対するガイドヘルプ

琴子と 虹の上を 散歩前 狭い 背中で 合図
❶ ❷ ❸ ❹ ❺ ❻

❶（手の）甲と甲
❷ 肘の少し上
❸ 半歩前
❹ 狭い場所
❺ 背中の腰より少し上
❻ 合　図

## CHECK WORD

❶ <u>ことこと</u> ⇒ <u>（手の）甲と甲</u>： ガイドヘルプ をはじめる際，介護者は視覚障害者に声をかけ，手の甲で視覚障害者の手の甲に触れます。これは，次の動作で視覚障害者に介護者の肘の上を握ってもらうため，腕の位置を確認してもらう意味があります。

❷ <u>にじの上を</u> ⇒ <u>肘の少し上</u>：移動を介助する際，介護者は視覚障害者に肘の少し上を軽く握ってもらいます。

❸ <u>さん歩前</u> ⇒ <u>半歩前</u>：介護者は視覚障害者の半歩前に立って，移動を介助します。

❹ <u>狭い</u> ⇒ <u>狭い場所</u>

❺ <u>背中で</u> ⇒ <u>背中の腰より少し上</u>

❻ <u>合図</u> ⇒ <u>合図</u>

人一人がやっと通れるような狭い場所，たとえば改札口や映画館や劇場の通路などでは，介護者は握ってもらっている腕を背中の腰より少し上に移動させます。これは，狭い場所を通ることの合図になります。

## POINT　　　　　　　　　　ガイドヘルプのリズム

ガイドヘルプを行う場合，介護者個人の通常のリズムとならないように注意します。つまり，移動の速さや階段の昇降時など，介護者が普段の生活で行っているようなスピードで移動しようとすると，誘導されている人は階段の縁など移動のうえで必要となる情報を確認することができません。介護者自身が移動する時の自らの癖を知っておくことで，このような状況はある程度避けることができます。

■視覚障害者をガイドヘルプする場合，介護従事者は利用者の半歩前に立ち，後から上腕を軽く握ってもらう。　…○

■手引き歩行では，本人の正面に立ち，両手を引いて介助することが基本である。　…×

# 難聴者とのコミュニケーション

| アカリと | シズカは | 前から | グループを注意 |
|---|---|---|---|
| ❶ | ❷ | ❸ | ❹ |

❶ 明るい場所
❷ 静かな場所
❸ 前から声をかける
❹ グループで話をする際は注意する

## CHECK WORD

**❶ アカリと** ⇒ 明るい場所：十分に聞こえない場合，話し手の表情や唇の動きなどから情報を補いながら話の内容を受け取ります。したがって，暗い場所では話し手の表情がわかりにくくなるので，明るい場所で話をします。

**❷ シズカは** ⇒ 静かな場所：周囲でさまざまな音が行き交っているとさらに聴き取りにくくなります。

**❸ 前から** ⇒ 前から声をかける：前から声をかけないと，話し手の位置がわかりにくいばかりでなく，誰が誰に声をかけているのかわからず，混乱を招きます。

**❹ グループを注意** ⇒ グループで話をする際は注意する：複数の話し手が同時に話すような，あるいは短いやり取りが頻繁に繰り返されるようなグループでのやりとりは，話し手が誰なのかわかりにくくなります。そのため，話し手は挙手をしてから話し始める，難聴者の方向を向いて話をする，などの工夫が必要です。

## POINT　　　　　　　　　　　　自然なコミュニケーション

先にあげたのは，難聴がある人とのコミュニケーションにおいて知っておきたい事柄ですが，杓子定規に用いればよいというわけではありません。何かやり取りがぎこちない，うまくいっていないと感じた場合に，その要因を考えてみる時の材料ととらえる方が良いかもしれません。自然なコミュニケーションの在り方は，相手とのやり取りの中から生まれてくるものです。留意点を押さえておきながらも，必要以上に束縛されないことが大切です。

■聴覚障害のある利用者と会話したとき，正面の顔がみえる位置で話した。　…○

■難聴のある高齢者とのコミュニケーションではゆっくり明確に話す。　…○

## 143

# 失語症のある人とのコミュニケーション

強盗は　先発の　急行　避け　ゆっくり進む
❶　　　❷　　　❸　　❹　　❺

❶ 五十音表
❷ 先回り
❸ 急 ぐ
❹ 避けるべきこと
❺ ゆっくり話をする

## CHECK WORD

**❶ ごうとうは** ⇒ 五十音表：失語症 は，物や事柄とそれに与えられている言葉とが一致せず，錯綜してしまう障害です。したがって，五十音表を用いてコミュニケーションを図ろうとしてもあまり役に立ちません。

**❷ 先発の** ⇒ 先回り：失語症のある人と話をするときは，先回りして言ったり，たたみかけるように話すことは避けます。

**❸ 急行** ⇒ 急ぐ：急がず，急がせず話をします。

**❹ 避け** ⇒ 避けるべきこと：上記の❶から❸は避ける事柄です。

**❺ ゆっくり進む** ⇒ ゆっくり話をする：ゆっくりと話をします。

## POINT　　　　言語表現にのみこだわらない

わかっているのに言葉がでてこないということは，もどかしいものだと思います。しかし，言葉を取り戻すために，援助者が躍起になって言葉を引き出そうとすれば，失語症の人にとって，コミュニケーションが苦痛になってしまいます。言葉による表現にだけこだわらず，身ぶりや絵，指さしなどさまざまなコミュニケーションの方法を活用して，通じた，やり取りが楽しい，と感じることができる工夫が必要です。

- ■失語症には，五十音表を活用してコミュニケーションを図るようにする。　…×
- ■重度の失語症のある人とのコミュニケーションでは，「はい」「いいえ」で答えることができるような質問をする。　…◯
- ■失語症の人との日常のコミュニケーションでは，ジェスチャーや描画等を取り入れるのはひとつの方法である。　…◯

# 144

## 片麻痺のある人の階段昇降

上りは 妻と けん か 下りは 妻と か けっこ
❶　　❷　　❸　 ❹　❺　　❻　　❼　❽

❶ 階段の上り　　　　❺ 階段の下り
❷ 杖　　　　　　　　❻ 杖
❸ 健　側　　　　　　❼ 患　側
❹ 患　側　　　　　　❽ 健　側

### CHECK WORD

1. 上りは ⇒ 階段の上り
2. つまと ⇒ 杖
3. けん ⇒ 健側
4. か ⇒ 患側

片麻痺がある人が階段を上る場合，まず①杖を1段上につき，②健側の足を上げ，③次に患側の足を上げる，という順に行います。

5. 下りは ⇒ 階段の下り
6. つまと ⇒ 杖
7. か ⇒ 患側
8. けっこ ⇒ 健側

反対に階段を下る場合は，まず①杖を1段下につき，②患側の足を下ろし，③次いで健側の足を下ろします。

### POINT 片麻痺がある人の杖歩行時の介助

片麻痺がある人は，歩行の際，患側の後方に倒れることが多いので，介護者は患側後方にいるようにします。

■片麻痺のある人のT字杖歩行で，階段を昇るときは，杖を一段上に上げ，麻痺側の足を上げ，次に健側の足を上げる。 …×

※階段を昇る場合，まず杖を一段上にあげて健側の足を上げ，次に麻痺側の足を上げる。

形態別介護技術

# 145

## 片麻痺のある人に対する食事介助

傍らで　食を語る　柴犬と　介助犬
❶　　　❷　　　❸ ❹　　❺ ❻

❶ 片麻痺がある人
❷ 食　事
❸ 下
❹ 健　側
❺ 介　助
❻ 健　側

## CHECK WORD

① かたわらで ⇒ 片麻痺がある人
② 食を語る ⇒ 食事
③ しば ⇒ 下
④ けんと ⇒ 健側
⑤ 介助 ⇒ 介助
⑥ けん ⇒ 健側

片麻痺がある人がベッド上で食事を行う場合，患側の肩に枕を入れ，健側を下にした軽い側臥位の姿勢にします。

食事の介助は必ず健側から行います。

## POINT　ベッドにおける食事介助

利用者がベッド上で食事をする場合，誤嚥を予防するために，頭がのけぞるような姿勢のまま食事をとることがないように気をつけましょう。頸部を前屈させることで誤嚥しにくくなります。また，30°仰臥位（リクライニング位）を取ることも有効です。

■片麻痺のある人が臥床したままで食事をする場合，健側を上にして介助する。　…×

■片麻痺の食事介助では，麻痺側に食べものを入れると，誤嚥しない。　…×

■顔面の片側に神経麻痺がある場合，食物残渣は健側に残りやすいので，とくに健側の口腔内の清潔に注意する。　…×

※食事は健側から食べるように介助を行う。

# 146

## 呼吸機能障害者の日常生活における留意点

機動隊に　歩いて　入　職
❶　　　　❷　　　❸　❹

❶ 気道感染
❷ 歩 行
❸ 入 浴
❹ 食 事

### CHECK WORD

❶ きどう隊に ⇒ 気道感染：気道感染は呼吸機能を低下させてしまうので，マスクをする，人ごみの多い場所への外出は控える，うがいをするなど，気道感染の予防に注意を払う必要があります。

❷ 歩いて ⇒ 歩行：歩行は多くの酸素を消費する行動です。ゆっくりと休みながら歩きます。

❸ 入 ⇒ 入浴：入浴も多くの酸素を消費します。入浴時間を短くしたり，体を洗う際には家族などに手伝ってもらうなど，工夫が必要です。

❹ しょく ⇒ 食事：血液が胃腸に集まるので呼吸器官でのガス交換が低下します。少量にわけてゆっくり食事するようにします。

### POINT　　　　　　　　　　　　　　　　　　　　酸素の流量

在宅酸素療法を行う人の場合，酸素流量は本人の状態を見極めたうえで医師が決定しているので，本人や介護者の判断で勝手に変えてはいけません。

■呼吸機能障害者の入浴は，浴槽に頸部までつかるよう助言する。　…×

■呼吸機能障害者の食事は，少量ずつ何度かにわけてゆっくり食べるように助言する。　…○

■呼吸機能障害者の歩行は，休みを取りながらゆっくり歩くように助言する。　…○

■呼吸機能障害者の介護では，掃除はこまめに行い，掃除機の排気に留意するように助言する。　…○

※心臓の位置より上が湯面から出ているくらいにする。

## 147

# 在宅酸素療法の吸入器具の交換

<u>カニと</u> <u>サンマが</u> <u>週替わり</u>
❶ ❷ ❸

❶ 鼻カニューレ
❷ 酸素マスク
❸ 週に1回交換

### CHECK WORD

① カニと　⇒鼻カニューレ
② サンマが　⇒酸素マスク
③ 週替わり　⇒週に1回交換

吸入器具（鼻カニューレと酸素マスク）は少なくとも週に1回は交換します。

### POINT　　　　　　　　　　　　　　　　　吸入器具の保管

　吸入器具は洗剤を使ってブラシで洗い，洗剤を水で流した後，消毒薬や塩素系漂白剤で消毒します。消毒後は自然乾燥させ，清潔な状態を保って保管します。

形態別介護技術

■在宅酸素療法の吸入器具の保管は，洗剤と流水でよく洗い自然乾燥させた後に消毒をし，消毒後も自然乾燥させ清潔に保管する。　…○

## 148

# 腎臓機能障害者の食事における留意点

ディパックで　降下　狩りに　遠征
❶　　　　　　❷　　　❸　　　❹

❶ 低タンパク
❷ 高カロリー
❸ 高カリウム血症に注意
❹ 塩分制限

### CHECK WORD

❶ <u>ディパックで</u> ⇒ <u>低タンパク</u>：たんぱくの摂取は，老廃物が溜まり腎臓への負担がかかるので，低タンパクを基本とします。

❷ <u>こうか</u> ⇒ <u>高カロリー</u>：低タンパクによって不足した栄養素を補うために高カロリーの食事とします。

❸ <u>かりに</u> ⇒ <u>高カリウム血症に注意</u>：高カリウム血症となると心臓に不整脈が生じ，手指のしびれ，言葉のもつれへと至ることがあるので，カリウムを多く含む果物・海藻類・生野菜などは制限するか，水にさらしたりしてカリウムを減らすなど調理の工夫が必要になります。

❹ <u>えんせい</u> ⇒ <u>塩分制限</u>：塩分摂取は血圧を上げ，腎臓を傷めやすくなるので，1日当たり6～8g程度に制限されます。

### POINT　　　　　　　　　　透析後の出血に注意

透析を受けている人は，透析治療のために用いるヘパリン（血液を固まらせない）により，透析後に出血した場合，血が止まりにくくなります。そのため，透析後に出血した時にはただちに医療機関に連絡を取る必要があります。

形態別介護技術

### Question

■腎臓機能障害者の食事管理では，カリウムの制限は必要であるが，塩分の制限は必要でない。 …×

■血液透析を受けている人は，たんぱく質を通常より多くとる。 …×

■血液透析をしている人の食事管理は，医師の指示に従って，たんぱく質，塩分，水分，カロリーの摂取について留意する。 …○

## 149

# ペースメーカー装着者の日常生活における注意点

<u>魅力ある</u> <u>重臣が</u> <u>止まらないで</u> <u>探知を</u> <u>防止</u>
❶      ❷     ❸       ❹      ❺

❶ 3～6か月
❷ 受　診
❸ 立ち止まらない
❹ 金属探知器
❺ 盗難防止機

### CHECK WORD

1. 魅力ある　⇒ 3～6か月
2. じゅうしんが　⇒ 受診
3. 止まらないで　⇒ 立ち止まらない
4. 探知を　⇒ 金属探知器
5. 防止　⇒ 盗難防止機

ペースメーカー装着者は，3～6か月に1回，定期的な受診が必要です。

空港の金属探知器や店の盗難防止機はペースメーカーの誤作動を引き起こしやすいので，立ち止まらずに通り過ぎる必要があります。

### POINT　　　　　　　　その他の注意点

　ペースメーカーは火葬の際に爆発することがあります。ペースメーカーを装着している人が亡くなった時には，できれば医師に依頼してペースメーカーを取り除いておくことが望ましいです。

- ■心臓ペースメーカーを装着した人は，定期的な検診と指示された服薬を順守する。　…○
- ■心臓ペースメーカーの利用者は，高エネルギーの電磁波を発生する電気製品，医療機器に近づかない注意が必要である。　…○
- ■心臓ペースメーカーを使用していても，激しい運動をしない限り，普通の生活を送ることができる。　…○

# 知的障害者への支援における各段階

| 木 | 道を | 見て | 助言する | 医師 |
|---|---|---|---|---|
| ❶ | ❷ | ❸ | ❹ | ❺ |

❶ 目的の確認
❷ 動作の確認
❸ 見守り
❹ 条件つき意識づけ
❺ 意識づけ

### CHECK WORD

1. <u>もく</u> ⇒ <u>目的の確認</u>：目の前でやってみせます。
2. <u>どうを</u> ⇒ <u>動作の確認</u>：一緒に動作を行います。
3. <u>見て</u> ⇒ <u>見守り</u>：見ている前で動作を行ってもらいます。
4. <u>じょげんする</u> ⇒ <u>条件つき意識づけ</u>：動作後に動作の内容や目的を確認します。
5. <u>いし</u> ⇒ <u>意識づけ</u>：前もって知らせず，動作を確認します。

### POINT　　知的障害者への支援のポイント

知的障害がある利用者に対して，身のまわりのことを支援しながら生活の技術を身につけていってもらうには，先にあげたような段階をあせらず踏んでいく必要があります。先を急がず，「繰り返し」が重要です。

■知的障害児・者の介護で，生活を援助するということは，本人の能力を把握することだけでなく，その興味や意欲などを知り，人間関係をよくすることである。 …○

## 索引

### 数

3-3-9度方式　177
4つのP　20
5大栄養素　164

### A

Activities of Daily Living　99
ADL　98
ALS　215

### C

COPD　207

### F

FBS　200

### I

IADL　100
ICF　86
ICIDH　87
Instrumental Activities of Daily Living　101
ISO　168
ISO9001　169
ISO規格　168

### J

Japan Coma Scale　177

### M

MRSA　248
MYHA分類　217

### Q

QOL　99
Quality of Life　99

### S

SLE　215

### T

TC　184

### あ

愛着理論　141
悪性新生物　94
アジア太平洋障害者の10年　85
アスペルガー症候群　92
アセスメント　108, 127
アベドン　136, 138
アベドンの社会的相互作用　136, 138
アポイントメント・セールス　162
綾織　170

### い

意識　176
依存型　142
一次救命処置　192
一般型特定施設入居者生活介護　62
溢流性尿失禁　224
移動用リフトのつり具　78
医薬品の保存方法　277
医療関連行為　40
医療扶助　28

### う

ウィリアムソン　151
右心不全　216, 219
うつ状態　230, 236
うつ病　232, 237
運営基準減算　73
運動が予防効果を示すもの　194

### え

栄養素　164
エコマップ　126
エコロジカル・モデル　23
エネルギー　164
嚥下障害　259
嚥下性肺炎　256, 258
円熟型　142
援助技術の展開過程　108
援助計画の作成　108
援助計画の実施　108

### お

置き換え　153
織物の三原組織　170
温あん法　271

### か

介護給付　69
介護給付費　50, 52
介護施設入所者加算　30
介護付有料老人ホーム　63
介護認定審査会　43, 45, 54
介護認定の区分　42
介護福祉士の義務　32
介護扶助　28
介護報酬　73
介護保険施設　46, 48
介護保険審査会　54
介護保険制度　35, 37, 39, 45, 51, 53, 77
介護保険の基本理念　34
介護保険の申請代行　46
介護保険の第1号被保険者　36
介護保険の第2号被保険者　38
介護保険の認定有効期間　44
介護保険法　37, 49, 69, 79
介護保険料加算　30
介護予防ケアマネジメント　70
介護予防サービス　43
介護量　82
介護老人保健施設　48
快適な室内気候　175
ガイドヘルプのリズム　283
外部サービス利用型特定施設入居者生活介護　62
潰瘍性大腸炎　222
カウンセリング　114
カウンセリングの技法　150
カウンセリングの基本的態度　148
各栄養素のg当たり熱量　166
学習障害　92
火災警報器　76
片麻痺　196
片麻痺のある人に対する食事介助　290
片麻痺のある人の階段昇降　288
家庭用品品質表示法　169
加齢に伴う変化　155
簡易浴槽　78

感音性難聴　160
感覚温度　172
関係妄想　234
カンジダ　228
感情鈍麻　234
間接援助技術　112
間接生活介助　40
関節包内骨折　158
関節リウマチ　212
関節リウマチの診断基準　213
冠動脈疾患　204
関連援助技術　114

き
気管支喘息　206
基幹的市区町村社会福祉協議会　74
刻み食　255
喫煙　205
喫煙に関係する疾患　204
気道確保　192
気道内異物除去の方法　278
機能訓練関連行為　40
機能主義　22
機能主義ケースワーク　23
機能性尿失禁　224
機能派　22
記銘力　154
虐待者となる要因　82
キャッチ・セールス　162
救護法　6
吸入器具の保管　295
救命処置のABC　193
キューブラ・ロス　146
教育扶助　28

共感　148
共同募金　26
共同募金会　26
胸・腰椎圧迫骨折　159
居宅介護支援事業者　46, 72
居宅サービス　68
筋萎縮性側索硬化症　214
緊急小口資金　18

く
空腹時血糖　198, 201
空腹時血糖の基準値　200
クーリング・オフ制度　162
グループホーム　69
グループワーク　25
グループワークの援助媒体　122
車いす　252

け
ケアマネジメント　114
ケアマネジャー　46
傾聴　148
経腸栄養　260
軽費老人ホーム　56
血圧　176, 181
血圧値の分類　183
結晶性知能　155
血栓症　102
血友病等血液・免疫疾患　94
減塩食　260
幻覚　233
幻覚妄想状態　232
健康型有料老人ホーム　62
権利擁護　70

## こ

降圧剤　267
口腔ケア　256, 259
高血圧症　182, 195
高血圧治療ガイドライン2004　183
膠原病　94
口腔ケアの目的　258
高脂血症　185, 194
公衆衛生・医療　14
拘縮　102
更生資金　18
公的扶助　14
広汎性発達障害　92
合理化　153
高齢者に多い骨折　158
高齢者の在宅ケア　64
高齢者の睡眠の特徴　156
高齢者の体温　243
高齢者の知的能力で低下しやすいもの　154
高齢者のパーソナリティタイプ　142
高齢者への虐待　83
誤嚥　254
呼吸　176
呼吸機能障害者　292
呼吸停止　178
国際障害者年　84
国際障害分類　87
国際生活機能分類　86
国際標準化機構　168
国連障害者の10年　85
腰掛便座　78
骨粗鬆症　194
骨粗鬆症の原因　220
骨端部骨折　158
コノプカ　25
個別面接調査　128
コミュニティワーク　112, 124
コンサルテーション　114

## さ

再アセスメント　108
災害援護資金　18
罪業妄想　236
在宅介護支援センター　56
在宅患者加算　30
在宅酸素療法　293, 294
在宅福祉サービス　65
再発性アフタ性口内炎　238
作為体験　234
左心不全　218

## し

ジェネリック　105
ジェノグラム　126
シェマ　141
視覚障害者に対するガイドヘルプ　282
自記式　129
自己覚知　120
自殺　230
脂質　164
指示的カウンセリング　151
四肢麻痺　196
指拭法　278
自責型　142
市町村社会福祉協議会　11

失語症のある人とのコミュニケーション　286
湿度　173
疾病保険　2
質問紙法　128
指定介護療養型医療施設　48
指定介護老人福祉施設　48
至適温度　173
自動消火器　76
児童手当　97
児童手当法　97
児童福祉法　8, 95
児童扶養手当　96
児童養育加算　30
死の3徴候　178
死の受容　179
死の受容のプロセス　146
自閉症　92
脂肪　166
死亡診断　179
社会活動法　112
社会診断　24
社会福祉　14
社会福祉運営管理　112
社会福祉計画法　112
社会福祉士及び介護福祉士法　33
社会福祉事業法　8, 10
社会福祉施設緊急整備五ヵ年計画　12
社会福祉調査法　112, 128, 130
社会福祉法　8, 10
社会保険　14
社会保険制度　2
社会保障　15
社会保障制度　14

ジャーメイン　117
斜文織　170
修学資金　18
終結　108
集合調査　128
住宅型有料老人ホーム　62
住宅資金　18
住宅扶助　28
朱子織　170
手段的日常生活動作　100
恤救規則　4
出産扶助　28
受容　148
昇華　152
障害者加算　30
障害者雇用促進法　89, 91
障害者雇用納付金制度　91
障害者雇用率制度　90
障害者の雇用の促進等に関する法律　91
障害者の法定雇用率　88
障害老齢保険　3
小規模多機能型居宅介護　67
小規模多機能型居宅介護事業　58
小児慢性特定疾患治療研究事業　94
食間薬　276
食事介助　255, 291
褥瘡　102, 272, 274
褥瘡の好発部位　272
褥瘡の深達度　274
ショック　191
ショックの前駆症状　190
シルバー人材センター　80
心因反応　232

心気症候群　230
心気妄想　236
心筋梗塞　194
神経・筋疾患　94
人工呼吸　192
心疾患　195
心身症　238
腎臓機能障害者　296
心臓停止　178
心臓ペースメーカー　299
身体障害者福祉法　8
診断派　23
心不全の機能分類　217
心マッサージ　192
信用失墜行為の禁止　32

## す

睡眠環境　262
スーパーバイザー　107
スーパーバイジー　107
スーパービジョン　23, 106, 114

## せ

生活支援員　74
生活習慣病　195
生活の質　99
生活福祉資金貸付制度　16, 18
生活扶助　28
生活扶助加算　30
生活扶助の加算制度　30
生活保護　28, 31
生活保護法　8
生業扶助　28
正常血圧　180
精神薄弱者福祉法　8
精神保健福祉士法　33
折衷的カウンセリング　151
切迫性尿失禁　224
セラピュティック・レクリエーション　137
戦後社会福祉の法体制　9
全身性エリテマトーデス　215, 222
先天性代謝異常　94

## そ

早期覚醒　156
想起力　154
総合相談支援　70
総コレステロールの基準値　184
葬祭扶助　28
ソーシャル・アクション　112
ソーシャル・アドミニストレーション　112
ソーシャル・グループワーク　110
ソーシャル・ケースワーク　21, 23, 25, 104, 110
ソーシャル・プランニング　112
ソーシャルワークの機能　116
ソーシャルワーク・リサーチ　112
蘇生のABC　193
ゾーン　151

## た

第一種社会福祉事業　26
体温　176, 242
退行　152
対光反射の消失　178

代償　153
大腿骨頸部骨折　159
他記式　129
タスク・ゴール　124
他罰型　142
タフト　22
炭水化物　164
たんぱく質　164, 166

### ち

地域援助技術　112
地域診断　125
地域福祉権利擁護事業　75
地域包括支援センター　46, 70
地域密着型介護老人福祉施設　66
地域密着型介護老人福祉施設入所者
　生活介護　67
地域密着型サービス　61, 66, 68
地域密着型特定施設入居者生活介護
　66, 67
知的障害者福祉法　8
知的障害者への支援　300
注意欠陥多動性障害　92
中途覚醒　156
長期生活支援資金　18
直接援助技術　110
直接生活介助　40
治療食　260

### つ

対麻痺　196
通信販売　163
杖歩行時の介助　289
爪の管理　268

### て

適応　143
手引き歩行　283
電磁調理器　76
電話勧誘販売　162
電話調査　128

### と

トイレの整備　246
同一化　153
投影　153
統合失調症　232, 234
橈骨下端骨折　159
糖質　166
糖尿病　94, 195, 201
糖尿病診断基準　199
糖尿病性神経症　203
糖尿病性腎症　203
糖尿病性網膜症　201, 203
糖尿病の合併症　202
糖尿病の判定　198
逃避　153
特殊尿器　78
特定継続的役務提供　162
特定施設入居者生活介護　68
特定疾患　222
特定福祉用具　78
特別児童扶養手当　96
特別養護老人ホーム　56
都道府県社会福祉協議会　74

### な

内分泌疾患　94
軟食　260

難聴者とのコミュニケーション　284

## に

二次救命処置　193
日常生活自立支援事業　74
日常生活動作　98
日常生活用具　79
入眠障害　156
入浴介助　264
入浴時の室温　266
入浴時の湯温　266
入浴補助用具　78
ニューモシスチス・イロベジー　228
尿失禁　224
尿の性状　187
尿比重　186
人間交流群　138
妊産婦加算　30
認知症対応型共同生活介護　60, 67, 68
認知症対応型通所介護　67
認知症対応型老人共同生活援助事業　58

## ね

寝たきり高齢者に生じやすい合併症　226
ネットワーク　114

## の

ノンレム睡眠　157

## は

肺癌　204
肺気腫　206
バイステック　118
バイステックの7原則　118
バイタルサイン　176
排尿の仕組み　225
配票調査　128
背部叩打法　278
配分委員会　26
ハイムリック法　278
廃用症候群　102
パーキンソン病　210
パーキンソン病関連疾患　222
白内障　208
発達障害　92
発達障害者支援法　93
発達段階　140
パールマン　20
反動形式　153

## ひ

ピアジェ　140
非指示的カウンセリング　151
微小妄想　236
ビスマルク　2
ビタミン　164
非人間交流群　136
秘密保持義務　32
標本抽出　130
標本調査　130
日和見感染　228
平織　170
ピンカス　117

貧困妄想　236

## ふ

不快指数　174
腹圧性尿失禁　224
福祉三法体制　9, 11
福祉資金　18
福祉用具　79, 245
福祉用具導入の目的　244
福祉六法体制　8, 11
扶助　28
不適応　143
プログラム活動　123
プロセス・ゴール　124

## へ

閉塞性換気障害　206
ペースメーカー装着者　298
ヘプワース　117

## ほ

防衛型　142
防衛機制　152
包括的・継続的ケアマネジメント支援　70
放射線障害者加算　30
乏尿　188
訪問販売　162
ボウルビィ　141
母子及び寡婦福祉法　8
母子加算　30
ボディメカニクスの原則　250
本態性高血圧　238

## ま

巻爪　269
マズロー　144
マズローの欲求階層説　144
マッピング　126
麻痺　197
麻痺の部位による分類　196
慢性気管支炎　204, 206
慢性呼吸器疾患　94
慢性消化器疾患　94
慢性心疾患　94
慢性腎疾患　94
慢性閉塞性肺疾患　207

## み

ミナハン　117
ミネラル　164
脈拍　176
ミルフォード会議　104

## む

無機質　164
無作為抽出法　130
無尿　188

## め

名称の使用制限　32
メチシリン耐性黄色ブドウ球菌　249
メニエール病　238

## も

妄想　233
モニタリング　108

問題行動関連行為　40

### や

夜間対応型訪問介護　67
やけど　281
やけど手当の注意点　280

### ゆ

有意抽出法　130
郵送調査　128
有料老人ホーム　62
湯たんぽ　270

### よ

要介護　42
要介護となった主な原因　240
要介護認定基準　40
養護老人ホーム　56
要支援　42
抑圧　152
予防給付　69

### ら

ライカード　142
ラウントリー　23
ランク　22

### り

離職者支援資金　18
離人体験　234
リッチモンド　24
流動食　260
療養・介護等資金　18
緑膿菌　228

リレーションシップ・ゴール　124

### れ

レクリエーション　132
レクリエーション活動の4要素　134
レム睡眠　157
連携　32

### ろ

老人介護支援センター　56
老人居宅介護等事業　58
老人居宅生活支援事業　58
老人クラブ　80
老人性難聴　160
老人短期入所事業　58
老人短期入所施設　56
老人デイサービス事業　58
老人デイサービスセンター　56
老人日常生活用具　76
老人福祉施設　56
老人福祉センター　56
老人福祉法　8, 57, 77
老人用電話　76
労働災害保険　3
老年期の精神保健上の問題　230
老年期の特徴　231
ロジャース　151
ロビンソン　22

# 介護・福祉関連図書

過去5年＋αの国試問題を厳選，ズバリ解説！
## 第20回 介護福祉士国試対策 '08
定価 3,990円

---

過去問と練習問題で，実技試験対策はOK！
**介護福祉士国試・実技試験対策**
## 絵でみる介護 （第13版）
定価 1,890円

---

国試に出てきた重要キーワードが全て収載！
## イラストでみる 介護福祉用語事典 （第3版）
定価 2,520円

---

過去問＋予想問題を解けば，事例問題なんか恐くない！
## 事例問題トレーニング ～介護福祉士国試対策～
定価 1,680円

---

国試ガイドラインに準拠！
わかりやすい解説と豊富なイラストで，理解力アップ！
**イラストでみる 介護国試対策** ## 介護キーワードマップ

| | | | |
|---|---|---|---|
| 改訂第2版 | 第1巻 | 法律・制度系 | 定価 1,470円 |
| 改訂第2版 | 第2巻 | 援助技術系 | 定価 1,470円 |
| 改訂第2版 | 第3巻 | サイエンス系 | 定価 2,100円 |
| 改訂第2版 | 第4巻 | 介護技術系 | 定価 1,890円 |

---

介護・社会・精神保健福祉士国試対策 '08
## 100テーマでみえる法律＆公衆衛生
定価 1,890円

---

㈳日本社会福祉士会 推薦
過去5年＋αの国試問題をわかりやすく解説！
## 第20回 社会福祉士国試対策 '08 （共通科目編）
定価 3,990円

## 第20回 社会福祉士国試対策 '08 （専門科目編）
定価 3,990円

社会福祉士・精神保健福祉士国試対策 '08
## 国試ダブルノート・ブルー 共通科目編
定価 1,890円

社会福祉士国試対策 '08
## 国試ダブルノート・グリーン 専門科目編
定価 1,680円

---

## 医学評論社

★掲載価格はすべて税込価格となっております。

介護・社会福祉士国家試験ゴロあわせ
## ゴロ・プレス

2007年11月27日　　第1版第1刷発行

| | |
|---|---|
| 編　集 | 福祉教育カレッジ |
| 執　筆 | 松本史郎／山越麻生 |
| 発　行 | 株式会社 医学評論社 |
| | 〒169-0073 東京都新宿区百人町1-22-23新宿ノモスビル4F |
| | TEL 03(5330)2441＜代表＞ |
| | FAX 03(5389)6452 |
| | URL http://www.igakuhyoronsha.co.jp/ |
| 印刷所 | 大日本法令印刷株式会社 |

ISBN 978-4-87211-833-9　C3036

イラスト：浪川きよ子